自治体間における広域連携の研究

大阪湾フェニックス事業の成立継続要因

樋口　浩一

公人の友社

目　次

　　プロローグ………………………………………………………… 11

第1章　広域連携と廃棄物の広域処理 ……………………… 13
　1　問題関心 …………………………………………………… 13
　2　広域連携の意義 ………………………………………… 16
　3　先行研究 …………………………………………………… 17
　4　研究目的と研究方法 …………………………………… 19
　　4.1　研究目的と仮説 …………………………………… 20
　　4.2　研究方法 …………………………………………… 21
　5　論述の構成 ………………………………………………… 21

第2章　広域連携の制度論的考察 ………………………… 23
　1　地方自治体間の協力形態としての広域連携 ………… 23
　2　自治体間の協力形式 …………………………………… 24
　　2.1　合併と広域連携 …………………………………… 24
　　　2.1.1　合併　24
　　　2.1.2　広域連携　26
　　2.2　地方公共団体の組合 ……………………………… 28
　　　2.2.1　一部事務組合　28
　　　2.2.2　広域連合　29
　　　2.2.3　組合の現状と課題　29
　3　事務の共同処理 ………………………………………… 31
　　3.1　連携協約　………………………………………… 31

3

目　次

3.2　協議会 …………………………………………… 32

3.3　機関等の共同設置 …………………………… 32

3.4　事務の委託 ……………………………………… 33

3.5　事務の代替執行 ……………………………… 33

3.6　職員の派遣 ……………………………………… 34

4　その他の連携方式 …………………………………… 34

5　広域連携の新たな取組み ………………………… 35

5.1　広域連携のインフラとなる団体 ……………… 35

5.1.1　地方六団体　35

5.1.2　指定都市都道府県調整会議　35

5.1.3　その他の連絡調整会議　36

6　都市圏・自立圏の形成 …………………………… 36

6.1　広域市町村圏など ……………………………… 36

6.2　連携中枢都市圏構想 ………………………… 37

6.3　定住自立圏構想 ……………………………… 38

7　特別法による広域連携 …………………………… 38

8　新たな連携のカタチ ……………………………… 39

9　小活 ……………………………………………………… 41

第3章　広域連携の組織論的考察 ……………… 42

1　広域連携と組織 ……………………………………… 42

2　組織論の発展経緯 ………………………………… 43

2.1　近代官僚制 ……………………………………… 43

2.2　組織論の発展 …………………………………… 43

2.2.1　古典的組織論　44

2.2.2　新古典的組織論　45

2.2.3　現代組織論　46

目　次

　　3　市場（マーケット）・組織（ハイアラキー）・中間組織（ネットワーク）
　　　……………………………………………………………… 48
　　　3.1　市場と組織の二分論 ……………………………… 48
　　　3.2　市場と組織の中間領域 …………………………… 49
　　　3.3　ネットワーク組織 ………………………………… 50
　　4　小活 …………………………………………………… 54

第4章　時代区分別の広域連携制度の組織特性 …………… 55
　　1　広域連携制度の経緯 ………………………………… 55
　　　1.1　戦前の広域連携制度 ……………………………… 55
　　　1.2　戦後の広域連携制度 ……………………………… 58
　　　1.3　高度経済成長期 …………………………………… 58
　　　1.4　組合の強制設立規定 ……………………………… 61
　　　1.5　地方分権期 ………………………………………… 63
　　2　広域連携の組織特性 ………………………………… 64
　　　2.1　社会的行為の4分類 ……………………………… 64
　　　2.2　設立動機による分類 ……………………………… 65
　　　2.3　時代区分と設立動機 ……………………………… 66
　　3　小括 …………………………………………………… 67

第5章　廃棄物行政における基本原則 ……………………… 69
　　1　わが国の廃棄物処理の歴史 ………………………… 69
　　　1.1　江戸時代の廃棄物処理 …………………………… 69
　　　　1.1.1　リサイクル都市・江戸　69
　　　　1.1.2　江戸の廃棄物処理　70
　　　1.2　汚物掃除法と市の事務 …………………………… 71
　　　1.3　清掃法と国の関与 ………………………………… 72
　　2　現在の廃棄物処理の体系 …………………………… 73

5

目　次

3　廃棄物処理の基本原則—自区内処理と広域処理 ……………… 76

　3.1　ごみ戦争と自区内処理原則 …………………………………… 76

　　3.1.1　東京の発展と廃棄物処理　76

　　3.1.2　自区内処理の用語の登場　77

　　3.1.3　ごみ戦争　77

　　3.1.4　ごみ戦争時の自区内処理原則の射程　78

　　3.1.5　ダイオキシン汚染問題による自区内処理をめぐる環境変化　79

　3.2　自区内処理原則の展開 ………………………………………… 80

　　3.2.1　地方自治法、廃棄物処理法の規定の解釈　80

　　3.2.2　運用上の処理　80

　　3.2.3　自区内処理原則の普及と定着　82

　3.3　自区内処理原則と住民自治・団体自治 …………………… 83

4　小括 ……………………………………………………………………… 84

　4.1　自区内処理原則の考察 ………………………………………… 84

　4.2　フェニックス事業と自区内処理 …………………………… 86

第6章–事例分析1　大阪湾フェニックス事業の成立 ………… 87

1　事業の仕組み ………………………………………………………… 87

2　センターの組織 ……………………………………………………… 88

　2.1　センター ………………………………………………………… 88

　2.2　促進協議会 ……………………………………………………… 92

3　大阪湾フェニックス事業の当初スキーム ……………………… 93

　3.1　事業の大枠 ……………………………………………………… 93

　3.2　事業内容 ………………………………………………………… 93

4　大阪湾フェニックス事業の成立経緯と各アクターの行動 …… 97

　4.1　複合的事業としての特性 ……………………………………… 97

　4.2　成立経緯 ………………………………………………………… 98

　4.3　各アクターの行動 ……………………………………………101

4.3.1　国　101

　　4.3.2　府県　102

　　4.3.3　市町村（排出サイド）　103

　　4.3.4　港湾管理者（大阪府・兵庫県・大阪市・神戸市）　103

　　4.3.5　民間産廃事業者　103

　5　分析 ……………………………………………………………104

　6　含意 ……………………………………………………………106

第6章–事例分析2　東京湾フェニック事業の不成立 ……………107

　1　東京湾フェニックス計画の経緯 ……………………………………107

　1.1　東京湾フェニックス計画の検討開始 ………………………107

　1.2　検討開始以前の状況 …………………………………………108

　1.3　検討の経緯 ……………………………………………………110

　2　東京湾フェニックス計画検討当初の各都県市の見解 ……………111

　3　各アクター（都県市）の行動 ……………………………………113

　3.1　東京都の動き …………………………………………………113

　　3.1.1　傍観期〜国の提案（1987年）以前　113

　　3.1.2　反対期〜国の提案（1987年）以後　113

　　3.1.3　賛成期〜都清掃審答申（1990年）以後　115

　　3.1.4　見送り期〜計画検討中止（1998年）以後　119

　3.2　千葉県 …………………………………………………………121

　3.3　埼玉県・神奈川県 ……………………………………………121

　3.4　横浜市・川崎市 ………………………………………………122

　3.5　その後の東京都の海面埋め立てをめぐる動き ……………122

　4　分析 ……………………………………………………………124

　5　含意 ……………………………………………………………125

　5.1　東京湾フェニックス事業の不成立要因 ……………………125

　5.2　大阪湾・東京湾両フェニックス事業の比較 ………………126

目　次

第6章−事例分析3　大阪湾フェニックス事業のスキーム変更 …133
- 1　スキーム変更の経緯 ………………………………………………133
  - 1.1　スキーム変更の事案概要 …………………………………133
  - 1.2　事実の経過 …………………………………………………134
- 2　スキーム変更の具体的内容 ……………………………………134
- 3　各アクターの行動 ………………………………………………137
  - 3.1　港湾管理者 …………………………………………………137
  - 3.2　センター ……………………………………………………138
  - 3.3　国 ……………………………………………………………138
  - 3.4　府県 …………………………………………………………139
  - 3.5　市町村 ………………………………………………………139
  - 3.6　民間産廃業者 ………………………………………………140
- 4　分析 ………………………………………………………………140
- 5　含意 ………………………………………………………………142

第6章−事例分析4　大阪湾フェニックス事業の存続危機 ………144
- 1　事業存続の危機の発生 …………………………………………144
- 2　事実の概要 ………………………………………………………145
- 3　事実の背景 ………………………………………………………148
  - 3.1　搬入基準とルール …………………………………………148
  - 3.2　ダイオキシン検査の困難性 ………………………………148
- 4　各アクターの行動 ………………………………………………149
  - 4.1　センター ……………………………………………………149
  - 4.2　港湾管理者 …………………………………………………150
  - 4.3　市町村 ………………………………………………………150
  - 4.4　府県 …………………………………………………………150
  - 4.5　国 ……………………………………………………………151

8

| | 目　次 |

5　分析 ……………………………………………………………………151

6　含意 ……………………………………………………………………152

　　6.1　理念の確認 ………………………………………………………152

　　6.2　公表の懲罰性 ……………………………………………………153

第6章–事例分析5　大阪湾フェニックス事業の発展 …………154

1　事例の位置づけ ………………………………………………………154

2　事実の背景 ……………………………………………………………154

3　3期事業の検討過程 …………………………………………………156

　　3.1　検討の進捗 ………………………………………………………156

　　3.2　検討の停滞 ………………………………………………………159

　　3.3　信頼回復の取り組み ……………………………………………162

4　3期事業の始動 ………………………………………………………163

　　4.1　3期計画の公表 …………………………………………………163

　　4.2　負担問題 …………………………………………………………167

　　4.3　3期事業（新神戸沖処分場）の概要 …………………………168

　　　　4.3.1　位置・面積、容量及び期間　168

　　　　4.3.2　受け入れる廃棄物量　170

5　3期事業決定をめぐる各アクターの動き …………………………171

6　分析 ……………………………………………………………………174

　　6.1　2期事業のスキーム変更、3期事業の新スキームの意義 ……174

　　6.2　国からの自立と自治組織化 ……………………………………175

7　含意 ……………………………………………………………………177

　　7.1　港湾管理者のお返しと互酬性の堅持 …………………………177

　　7.2　国の影響から脱却したシステムとしてのネットワーク組織化　178

第7章　循環型社会と廃棄物の広域処理 ………………………180

1　循環型社会形成推進基本法の成立 …………………………………180

目　次

　2　循環型社会とフェニックス事業 …………………………………181
　　2.1　3R への取り組み…………………………………………………181
　　2.2　関東圏と関西圏の 3R の取組比較 …………………………182

第 8 章　広域連携と民主的統制
　　　　　―フェニックス事業と阪神水道企業団との比較 …………185
　1　一部事務組合の民主的統制 ………………………………………185
　2　阪神水道企業団（一部事務組合）のしくみ …………………186
　3　フェニックス事業と民主的統制 ………………………………187

第 9 章　総括………………………………………………………………189
　1　各章の要約 …………………………………………………………189
　2　本研究で得られた知見 ……………………………………………192
　　2.1　フェニックス事業の組織論的性格 …………………………192
　　2.2　フェニックス事業における信頼と互酬性 ………………193
　　2.3　広域連携の長所と弱点 ………………………………………197
　3　研究の成果と今後の展望 …………………………………………199

　謝辞………………………………………………………………………202
　参考文献…………………………………………………………………204
　あとがきにかえて―もうひとつの大阪湾フェニックス事業―………209
　後記………………………………………………………………………219
　推薦文……………………………………………………………………221

プロローグ

　幕末の開国期に訪れた欧米人の多くが江戸の町の清潔さに驚嘆したと言われている。江戸時代の記録によれば、武士ではない町役人が中心となったごみの収集処分のシステムの存在が知られている。ごみの処理は人口が集中する都市にとって避けては通れない問題である。その意味では最古の都市問題であり、原始的な行政事務のひとつと言えるかもしれない。江戸のごみ処理も身近な隣保や町が大きな役割を果たしている。本書でも、江戸期の庶民が日常の倹約の中で徹底したリサイクルを進めながら、最低限発生するごみの処置も人様に迷惑をかけないようにルールを守ったことを述べている。個の役割が重要な時期であったと言えよう。ごみのマナー化を通じてコミュニティーを重視した言わば住民自治の世界の話であった。

　しかし、明治・大正・昭和と近代化・産業化の進展とともに、伝染病予防など衛生行政の観点から始まる「清掃」という名のごみ処理の行政が次第に重要な仕事になっていく。清掃も当初は市制が施行された地域に限られ、徐々に適用が拡大されていく。戦後の高度経済成長期の大量生産・大量消費はごみ発生の激増・極大化を生み、年々増加するごみの処理は社会問題化する。ごみ問題は画一の大量処理を余儀なくされ、個々人の手を離れ、マス（集団）化していく。この時期に特別区の間で起こった東京都のごみ戦争はそれを象徴する事案であった。すなわち、ごみの問題は、住民個々の役割が重視される住民自治から組織間の団体自治の話になった。本書が取り上げるフェニックス事業もこの時代を背景に案出されたものである。近時、地球環境意識の高まりもあってごみの再利用・リサイクル・減量化が貴ばれるようになってきた。ごみの画一大量処理の逆進性が問われはじめ、よりきめ細かな個別処理が望まれるようになっている。ごみ問題は再び、マスから個へと戻りつつある。

　いずれにしろ、これまでの歴史からみれば、ごみ処理は最も原初的で典型的

11

プロローグ

な自治事務ということができる。その意味もあって広域連携の研究対象として廃棄物事業を選択した。そして、ごみ処理に画一大量処理が求められ最も団体自治の要素が強まった時期の産物であるフェニックス事業を分析対象に選び、自治体間の組織間関係として組織論の観点から分析を試みたものが本研究である。

理論分析の特徴として本書は、分析対象であるフェニックス事業が、自然科学と異なり実証実験が著しく困難な社会科学の分野におけるひとつの社会実験の実例を提供している。廃棄物処理に関して背景と諸状況がほぼ同じであった大阪湾と東京湾の二つのエリアにおける対照的な結果は、さまざまな理論的分析の可能性を示唆している。その意味で東西ふたつのフェニックス事業を正当に比較できる事実関係を網羅し得たことは誠に幸いであった。

最後に、本書の最大の意義はこれまでまとまった著述の無かった広域臨海環境整備事業（フェニックス事業）をひとつの著作にまとめたことだと考える。大阪湾広域臨海環境整備事業（大阪湾フェニックス事業）は近畿2府4県168市町村が参加するわが国最大の広域連携事業である。過去、技術的報告や行政担当者の報告的な論述はあったが、本書は大阪湾フェニックス事業の成立過程からその運営過程、さらに危機管理とともに、発展過程を事実に基づき詳述する。また、とくに東京湾の事例については、実現しなかったが故に資料も限られ、往時の関係者も少なく調査に難渋した分、貴重な知見が提供できたものと思う。

そして、東西両フェニックス計画の事例分析をふまえ、理論的にはネットワーク組織とも位置付けできる自治体間の広域連携に、相互の信頼と互酬の関係が必要であることを示唆することができた。そこには筆者が大阪湾フェニックスセンターでの4年間の役員経験を通じて実体験した事実が色濃く反映されている。

本書が広域連携、廃棄物処理に関わる研究者、自治体関係者、また事業者にとって貴重で有益な知見を提供できることを願ってやまない。

　平成最後の1月に

　　　　　　　　　　　　　　　　　　　　　　　　樋口　浩一

第1章　広域連携と廃棄物の広域処理

1　問題関心

東北大震災は、一般には知られていないある事実を浮き彫りにした。2011 年 8 月に千葉県内のごみ焼却場の焼却灰が秋田県で受入拒否に遭い送り返されるという報道がなされた[1]。受入拒否の理由は放射線基準の超過であったが、そのことよりも、ここで注目されることは関東の一般廃棄物[2]が日常的に東北にまで持ち込まれているという事実である。ちなみに千葉県下の市町村の一般廃棄物の最終処分先が県外である割合は、2012 年度までは 30 パーセント台で推移しているが、漸増傾向にあり 2014 年には 40 パーセントを超えている[3]。一般廃棄物の県外処理は、千葉県にとどまらず、埼玉県、神奈川県、栃木県と関東の県では多く見られる（図 1-1）。東北までの運搬コストの問題もさることながら、廃棄物最終処分場が一種の嫌悪施設であることを考えると、関東の市町村の廃棄物担当者が費やす処分先確保の労力[4]も相当過大なものになることが推察される。また、市町村の一般廃棄物の最終処分先への域外搬出は、単純に経済問題

1　朝日新聞 2011 年 8 月 11 日朝刊 参照。
2　一般廃棄物は市町村が処理責任をもつ生活ごみなどの廃棄物である。
　　第 5 章 2 参照。
3　千葉県環境生活部循環型社会推進課 (2016)『千葉県廃棄物処理計画』p.12。
4　一般に市町村の一般廃棄物を他の市町村の区域内で処分する場合は当該市町村の同意を要することが慣例になっている。廃棄物の処理及び清掃に関する法律（昭和 45 年 12 月 25 日法律第 137 号）第 6 条第 3 項が「市町村は、その一般廃棄物処理計画を定めるに当たっては、当該市町村の区域内の一般廃棄物の処理に関し関係を有する他の市町村の一般廃棄物処理計画と調和を保つよう努めなければならない。」と規定していることが根拠とされている。第 5 章 3.2 参照。

図1–1　最終処分を目的とした一般廃棄物の広域移動の状況（2015年度実績）（単位：千トン/年）

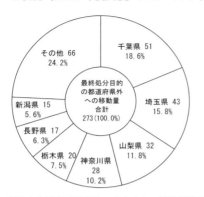

出所：環境省大臣官房廃棄物・リサイクル対策部廃棄物対策課(2017)『日本の廃棄物処理 平成27年版』p.31

だけではすまされない地方自治体の責任や規範に関する課題を包含する。

　一方、近畿では大阪湾広域臨海環境整備事業（いわゆる大阪湾フェニックス事業と称される事業の正式名称である。以下「大阪湾フェニックス事業」と略す。）として、近畿2府4県168市町村の共同事業として大阪湾の海面埋め立てによる一般廃棄物の最終処分が行われており、加盟市町村は少なくとも廃棄物処分先確保の労苦からは解放されている。

　先の報道内容[5]と近畿での処理事例を比較すれば、廃棄物処理の最終処分地の確保において、広域処理を実施する近畿圏の大阪湾フェニックス事業は、首都圏のように自治体単独処理を標榜[6]しつつも、実際は大量の廃棄物を東北を中心とする遠方の他県に持ち出して最終処理を行う域外処理の方法と比較すれば、一歩も二歩も進んだ処理形態と考えられる。ではなぜ、フェニックス事業の手法が近畿圏以外の地域に拡大しなかったのだろうか。

　言うまでもなく日本社会が低成長、人口減少の時代を迎えて、それぞれの地方自治体は従来の行政サービス水準を維持しながら、同時に行政の効率性を高める必要にも迫られている。その行政の効率化を促進する有力な手法として、市町村合併が推進されたところであるが、組織の統合まで進まないまでも、地方自治体間の協働の必要性は高まっている。低成長、人口減少社会に入っても、

---

[5] 朝日新聞2011年8月11日朝刊　参照。
[6] 関東圏では千葉県、東京都、川崎市の首長が「自区内処理」の原則を標榜した。第6章–事例分析2参照。

住民の豊かな生活を維持していくために行政サービスの水準を下げられない地方自治体にとって、相互の事務の共同処理である広域連携は行政サービスの水準と経済性を両立させる極めて重要なツールである。しかし、平成の大合併が終了し、これに代わるべき協働の手法である広域連携は期待されるほど伸びてはいない。別図表は、過去20年の広域連携の総数をグラフ化したものであるが、平成の大合併以降の広域連携は伸び悩みをみせている[7]。

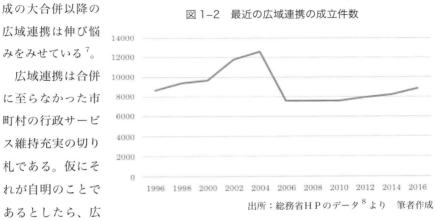

図1-2　最近の広域連携の成立件数

出所：総務省ＨＰのデータ[8]より　筆者作成

広域連携は合併に至らなかった市町村の行政サービス維持充実の切り札である。仮にそれが自明のことであるとしたら、広域連携はなぜもっと広がらないのか。広域連携を成立させる要因は何なのか。また、広域連携に内在する課題は何か。本研究の問題関心はこの点に存在する。

7　2004年をピークとした広域連携の数の減少は、平成の大合併に起因する部分が多い。
8　総務省ＨＰ「地方公共団体間の事務の共同処理の状況調」
　（2016年版 http://www.soumu.go.jp/main_content/000454692.pdf、
　2014年版 http://www.soumu.go.jp/main_content/000196052.pdf、
　2012年版 http://www.soumu.go.jp/main_content/000325895.pdf、
　2010年版 http://www.soumu.go.jp/main_content/000196087.pdf、
　2008年版 http://www.soumu.go.jp/kouiki/pdf/H20.7.1.pdf、
　2006年版 http://www.soumu.go.jp/kouiki/pdf/H18.7.1.pdf、
　2004年版 http://www.soumu.go.jp/kouiki/pdf/H16.7.1.pdf、
　2002年版 http://www.soumu.go.jp/kouiki/pdf/H14.7.1.pdf、
　2000年版 http://www.soumu.go.jp/kouiki/pdf/H12.7.1.pdf、
　1998年版 http://www.soumu.go.jp/kouiki/pdf/H10.7.1.pdf、
　2018年5月3日閲覧）。

第1章　広域連携と廃棄物の広域処理

2　広域連携の意義

　広域連携の用語は、地方自治法には存在しない。地方自治体の行政区域を超えて共同することは、従来の地方行政の用語法では、広域連携は使用されず「広域行政」と呼ばれてきた。しかしながら、今日では広域連携、あるいは自治体間連携の用語法が一般化しつつある。

　では広域連携の定義とは何か。総務省に設置され、戦後の地方自治制度を牽引してきた地方制度調査会の答申の中で見れば、2016年の第31次地方制度調査会において、人口減少社会に的確に対応する地方行政体制及びガバナンスのあり方について答申[9]がなされたところ、「行政サービスを安定的、持続的、効率的かつ効果的に提供するためには、あらゆる行政サービスを単独の市町村だけで提供する発想は現実的ではなく、各市町村の資源を有効に活用する観点からも、地方公共団体間の連携により提供すること」が必要であるとし、「事務の共同処理の仕組みを活用して地方公共団体間の<u>広域連携</u>を推進していくべき」[10]だとしている（傍線筆者）。この用語法によれば、広域連携とは地方自治法に定める事務の共同処理の仕組み[11]を活用した地方自治体間の協働と定義することができる。

　横道（2016）は、地方自治体の区域を超えた自治体間協力が従来、広域行政（Wide-Area Administration）と呼称されてきたのに対し、近時、広域連携（Wide-Area Cooperation）と呼ばれるようになった背景を次のように説明している。広域行

9　総務省所管『第31次地方制度調査会答申』（2016年3月16日）
　（http://www.soumu.go.jp/main_content/000403436.pdf、2017年9月30日閲覧）参照。
10　同上『第31次地方制度調査会答申』p.2参照。
11　広域連携を自治体間の「事務の共同処理」として捉えると、最広義では市町村合併まで、広義では地方公共団体の組合である一部事務組合・広域連合まで、狭義では、連携協約、協議会、機関等の共同設置、事務の委託などを含むと考えられるが、ここでは広義の「事務の共同処理」を指している。なお現行地方自治法は、第2編普通地方公共団体の中で、第11章で国と普通地方公共団体との関係及び普通地方公共団体相互間の関係について定め、その第3節に普通地方公共団体相互間の協力について定め、連携協約、協議会、機関等の共同設置、事務の委託、事務の代替執行、職員の派遣、条例による事務処理の特例の規定を置いている。また第3編特別地方公共団体の中で、第3章で地方公共団体の組合について定め、第2節に一部事務組合、第3節に広域連合の規定を置いている。

16

政が「まず基本に圏域があって、その広い空間でいかに行政を展開していくか
が問題とされ、その圏域行政を担う特別の行政機構が想定されており、さらに、
その仕組みを全国に画一的に拡げていくというイメージをもつ」[12]。そして他方、
広域連携は「一定の圏域が必ずしもあらかじめ想定されておらず、特別の行政
機構の存在も前提とされていない。全国的、画一的な展開ではなく、各地方自
治体がそれぞれの地域の必要に応じて多様な姿で取り組んでいるというイメー
ジ」また、「その協力の範囲は自治体の業務に限定されない」[13]とする。

　このように広域連携は、現行の地方自治法が予定している従来の事務の共同
処理を核としながらも、必ずしもそれにとらわれず、個々の地方自治体の独自
の発想で自主的でフレキシブルに展開する相互協力ととらえることができる。
近時の地方自治法改正[14]もこの動きを踏まえ、事務の共同処理の手段を追加し
ている。本研究では、基本的に地方制度調査会の用語法に依拠しながらも、必
ずしも地方自治法に限らずその他の法制度も含めて広く事務の共同処理による
地方自治体間の協働と定義することとする。

3　先行研究

　本研究に関係している先行研究を、広域連携に関係するものと、一般廃棄物
の広域処理に関係するものに分けて見てみることとする。

　まず、広域連携の研究については、個別の事例研究のほかは制度研究が中心で、
地方自治法・地方自治制度の概説書で詳細が論述されている。例えば、礒崎・金井・
伊藤（2014）や宇賀（2015）、河合編（2008）、橋本編（2017）などで制度の現状
と課題を詳述している。

12　横道（2016：2）。
13　横道（2016：2）。
14　関連する近年の地方自治法改正として、2011年改正の行政機関等の共同設置の対象の拡大、全部
　事務組合等の廃止、2014年改正の新たな広域連携（連携協約、事務の代替執行）の制度の創設があ
　げられる。

第 1 章　広域連携と廃棄物の広域処理

　広域連携の歴史については、従来は広域行政として府県制度の見直しが主に議論されてきており、戦前の研究を例にあげると鵜沢（1944）が府県制度の広域区画として州庁ないし地方ごとの行政協議会を論じている。戦後も行政法の泰斗である田中二郎が、鵜飼信成、原龍之助、宮沢弘との共著の『広域行政論』（1963）で、現行の府県が狭隘でかつ能力に格差があることから、2、3の府県の統合を提案している。これは当時の国の臨時行政調査会第二専門部会中間報告で「地方庁案」[15] の提唱がなされたことから、新生まもない地方自治の危機と考えた行政法学者らが提案したもので興味深い。また、歴史的な経緯をふまえた広域連携制度の変遷については、佐藤（2006）、横道（2006）などの最近の体系的な研究がある。

　広域連携の制度効果の分析については、原田（2011）は国が行ってきた広域行政施策が市町村合併による市町村の広域化という「目的としての広域行政」ではなく、市町村合併の防波堤としての「手段としての広域行政」として機能したことを明らかにしている。

　広域連携のガバナンスについては、大和田（1999）が事例分析にもとづき広域連携制度の民主的統制の脆弱性を指摘している。また、坂野（2018）は一部事務組合のガバナンスの課題をふまえつつ市民参加の必要性を指摘している。

　諸外国の広域連携制度との比較では、祐野（2018）がアメリカを中心にした海外の先行研究をまとめている。また、西尾（2007）、加茂（2010）によるフランスとの比較研究がある。

　次に、一般廃棄物の広域処理の研究については、鄭（2013）は一部事務組合がごみ焼却場などの迷惑施設の受け皿化している実態を指摘するとともに、一部事務組合の民主的統制などガバナンスの問題を指摘する。またさらに、鄭（2014a他）は廃棄物の広域処理のアンチテーゼとして「自区内処理」が関係者の間で一定の規範として定着していることを明らかにしている。

15　地方庁は国の各種出先機関の一本化のためのブロック単位の総合出先機関の設置を目的として、ただちに府県を廃止してこれを吸収しようとするものではなかった。とはいえ、田中は、一旦、地方庁ができれば国からの権限移譲とととともに、府県の権能を吸収していく可能性が高いと指摘する。田中（1963：11）参照。

また廃棄物の広域処理に関連する事例研究として、廃棄物処理の大規模な広域連携である大阪湾フェニックス事業（広域臨海環境整備事業）については、主に土木・環境などの技術的な見地からの実績研究[16]が多く見られるほか、成立時の事業計画及び当面の課題について関係者である身野（1981）[17]の報告が存在する。フェニックス事業の廃棄物受入開始当初[18]の経緯に関して、当時の大阪湾フェニックスセンターの役員である片山（1990、1991）[19]の報告がある。

また、監督官庁である国からの視点で、小林（1981）、坂本（1985）および鈴木（1991）[20]が、広域処理の必要性とフェニックス計画の意義を関係する雑誌に投稿している。これらの時期は、大阪湾につづき東京湾の計画が期待され、議論されている時期に重なっている。

なお、東京湾フェニックス計画が断念された経緯をまとめた報告書や研究論文、及び大阪湾フェニックス事業の2期の事業スキームの大幅変更や、ダイオキシン基準超過事案、3期の事業の開始経緯に関する報告書や研究論文は見当たらない。

また、第3章で広域連携をネットワーク組織としてとらえた組織論からのアプローチを行っているが、組織理論の先行研究に関しては当該章にゆずる。

4　研究目的と研究方法

低成長・人口減少社会に対応するための切り札とも目される広域連携であるが、客観的に見て如何にその必要性があっても地方自治体間で広域連携が自然に湧いてくるわけではない。少なくとも、広域連携の成立または維持に対する関係地方自治体の主観的意思と相互の意思の合致がなければ、いかなる広域連

16　例えば、安間・榊（2002）。いずれも大阪湾広域臨海環境整備センター技術職員である。
17　筆者である身野氏は当時、兵庫県保健環境部環境局次長。のち大阪湾フェニックスセンター理事。
18　大阪湾フェニックス事業1期は、尼崎沖処分場が1991年に、泉大津処分場が翌年から稼働している。
19　筆者である片山氏は当時、大阪湾フェニックスセンター理事。
20　筆者はいずれも、厚生省生活衛生局水道環境部地域計画室長で、フェニックス事業の所管部署の長であった。

第 1 章　広域連携と廃棄物の広域処理

携も成り立たない。いったい地方自治体をして広域連携を成立または維持せし
めている要因は何であろうか。

4.1　研究目的と仮説

　社会の統治システムを考えてみると、のちに見るように市場とハイアラキー（官
僚制組織）の他に中間的なシステムとして、ウズィー（Uzzi,1996）の「埋め込ま
れた紐帯」やノーク（Knoke,2001）の「戦略的提携」の議論を経て、パウエル（Powell、
1990）によってネットワーク組織の存在が認識されるようになる。公文（1994）
によれば、ネットワーク組織は、説得と誘導による相互制御行為、社会システ
ムとしての信頼を基礎とした互酬関係が特徴とされ、情報や知識の提供を通じ
た通有システムと相互の信頼を基礎とする互酬システムによって構成されると
している。

　一般廃棄物の広域処理を目的とする自治体間の広域連携を自治体同士の組織
あるいは組織間関係として理念型で捉えてみよう。そこでは廃棄物処分場を提
供する自治体とそれを利用する自治体に二分される。最も典型的な例である海
面処分を想定すれば、処分場の空間（海域）を提供する自治体の長期的利益（完
成後の土地取得）と利用対価を支払って処分場を使用する自治体の短期的利益と
のバランスの問題があり、その時間的なギャップを的確、公平に埋めることは
市場システムでは困難だと言える。さらに長期にわたる運営過程で起る社会的
経済的情勢の変化や、法制度の変更による調整は市場システムのみでは不可能
だと仮定できる。しかも、空間提供と処分場利用がともに各自治体の任意に委
ねられているとするなら、そこにはハイアラキーのシステムが働かず、全体事
業を支える別の理念が必要となる。そこに、市場と組織の中間に位置する水平
的で柔軟な利害調整システムとしてのネットワーク組織として捉え得る可能性
が出てくる。

　一般廃棄物の広域処理を目的とする自治体間の広域連携は果してネットワー
ク組織として捉えられるか否か、仮に捉えられるとすればネットワーク組織は

20

どのようにして成立維持されているのか。とくにネットワーク組織の成立存続を左右する重要な要素である信頼と互酬性はどのように確保されているのか。

4.2　研究方法

本研究では、上記項目を研究目的にして、府県を超える大規模な一般廃棄物の広域処理である大阪湾フェニックス事業について、自治体間の広域連携をネットワーク組織と捉える観点から、成立・不成立・維持・危機・発展の5事象を取り上げる。

大阪湾フェニックス事業は、近畿2府4県168市町村と大阪湾の4港湾管理者（大阪府・市、兵庫県、神戸市）が共同して廃棄物の海面埋立処分（廃棄物行政）とこれによる土地造成（港湾事業）を行う広域連携事業であり、1981年に制定された特別法に基づき翌年設立された認可法人大阪湾広域臨海環境整備センターによって、4つの海面埋立処分場が整備され稼働している。

具体的には、大阪湾での事業（成立）と東京湾での事業（不成立）の検討経緯や成立・運営過程を調査し、広域連携の成立・維持の要因を分析する。また組織のガバナンスに関して、個々の構成主体の機会主義的あるいはフリーライド行為が招く危機を克服してどう維持されるのか、さらに同事業の参加主体間で生じる利害の対立や軋轢をどう乗り越えて事業が発展していくのか、そのための要因を分析する。

5　論述の構成

本書の構成は、以下の通りである。まず第1章は、最初に問題関心、広域連携の意義、先行研究、研究目的・研究方法、論述の構成を明らかにする。

第2章は、広域連携の制度論的考察を行う。事務の共同処理である広域連携の種類・内容を明らかにするとともに、新たな連携の仕組みについて考察する。

第1章　広域連携と廃棄物の広域処理

　第3章は、広域連携の理論的考察を行う。組織理論の先行研究レビューを通じて、本研究の理論的な分析枠組みを検討する。

　第4章は、時代区分別の広域連携制度の組織特性を考察する。

　第5章は、廃棄物行政における基本原則の考察を行う。廃棄物処理の沿革と現在の体系を明らかにするととともに、廃棄物処理の基本原則の対立軸としての自区内処理と広域処理の優劣を分析する。

　第6章は、事例研究として、第6章-事例分析1　大阪湾フェニックス事業の成立、第6章-事例分析2　東京湾フェニック事業の不成立、第6章-事例分析3　大阪湾フェニックス事業のスキーム変更、第6章-事例分析4　大阪湾フェニックス事業の存続危機、第6章-事例分析5　大阪湾フェニックス事業の発展の5事例を分析する。

　第7章は、循環型社会と廃棄物の広域処理として、効率性に優れると考えられてきたフェニックス事業が、むしろ循環型社会に逆行する可能性について考察する。

　第8章は、広域連携と民主的統制として、フェニックス事業と阪神水道企業団の比較を行うとともに広域連携の住民からの統制の問題に触れる。

　第9章は、総括として、研究を要約するとともに、研究全体から得られる知見を改めて整理し、残された課題について言及する。

第2章　広域連携の制度論的考察

1　地方自治体間の協力形態としての広域連携

　まず、広域連携制度の基礎となる地方自治の意義を考察する。国語辞書を紐解くと「自治」とは、『自分で自分のことを処置すること。社会生活を自主的に営むこと。』(新村出編『広辞苑』第6版 (2008:1244)) とされ、本来の意義として、単独で自己完結的に用務を処理することが前提となっている。仮にこのことを単独主義と呼ぶなら、当然のことながら地方自治は本質的に単独主義が前提となっており、当該行政区域での地方の事務を当該区域内で処理を終えることが原則となっている。

　しかし、単独主義の原則が貫徹しえない事情が生じる。それを外的要因と内的要因に分けて考えてみよう。外的要因として、①権限の拡大—他の行政主体である国や他の地方公共団体（市町村の場合の都道府県）との役割分担の変更により事務が過大となるとき、②住民・企業の活動範囲の拡大—道路・公共交通機関などインフラの充実により住民の生活活動の領域が拡大し他の区域との関係が高まるとき、③経済圏の変化—物流の進展や人の流れの変化によって経済圏が拡大・縮小することで他地域との関係が高まるとき、そしてより直接的に ④国の方針変更—政策転換によって合併や共同化が財政支援等を伴って誘導促進されるとき、などが考えられる。一方、内的要因としては、⑤効率化の要請—財政難や行政改革の立場から事務の能率化・効率化が求められるとき、⑥新規需要への対応—権限移譲や行政需要の高度化に対応するため、組織・人材を新たに確保する必要があるとき、などが考えられる。

第2章　広域連携の制度論的考察

　市町村は、基礎的自治体として基本的に地方の事務全般を担うこととされており、大都市特例[21]など規模の違い等によって都道府県からの事務権限が一部移譲されることを除けば、すべての市町村が等しく共通の事務を行っている。しかし、市町村は、多様で、小規模なものが少なくなく、これらの小規模自治体においては組織面・財政面から行政の拡大と高度化に対応することが困難となっている。したがって、単独主義の限界はこれらの小規模市町村で多く発生するが、これに対して2つの対応方法が考えられてきた。それが市町村合併と広域連携である。

2　自治体間の協力形式

2.1　合併と広域連携

2.1.1　合併

　地方自治体の対応をみれば、前述のような地方自治法が予定する単独主義の内的外的な限界に対して、まず、合併という形で規模の拡大が行われてきた。
　市町村合併については、明治・昭和・平成の3回の大規模な合併が行われている。最初の「明治の大合併」は、町村（市制は未施行）が戸籍や小学校などの事務を処理することを想定して、明治政府が強制的に合併を図ったもので、1町村300戸から500戸を標準として、1888年末の7万1,314から1889年末には1万5,859に減少した[22]。この背景には、明治当初の近代国家の形成・発展を支える目的を持った地方統治のための基盤整備があった。
　次は「昭和の大合併」であり、戦後改革によって新制中学や消防・衛生その他多くの事務権限が国家から地方に配分されるに伴う行財政能力の向上を目的

21　政令指定都市・中核市・施行時特例市の大都市特例がある。地方自治法第1条の3、第8条、第252の19、第252の22、旧第252の26の3参照。
22　総務省HP（http://www.soumu.go.jp/gapei/gapei2.html、2017年9月30日閲覧）参照。

24

とした合併策であった。1953 年の町村合併促進法（3 か年の時限立法）によって
国と都道府県がイニシアチブをとる体制の下で、新制中学を運営していくに必
要な規模（人口 8,000 人）を標準にして合併が進められ、続く 1956 年の新市町
村建設促進法（5 か年の時限立法）によるものと合わせて、1953 年に 9,868 あっ
た市町村が 1961 年に 3,472 に減少した[23]。その後も合併は進められたが、「昭
和の大合併」は、経済成長に伴う産業化・都市化への対応、また福祉国家によ
る保健衛生・福祉の拡充など、高度経済成長による社会経済的な変動を支える
基盤づくりに貢献したとの評価がなされている。

　3 番目が「平成の大合併」であり、その背景には 1990 年代後半からの地方分
権改革の進展の中で、分権の「受け皿」として「自己決定・自己責任」を果た
しうる地方自治体が求められたこと、また国も自治体も財政難の中で行財政改
善の面からも合併による効率化と支出削減が求められたこと、さらに地域活性
化などへの対応が必要になったことがある。

　1998 年の第 25 次地方制度調査会答申「市町村の合併に関する答申」とこれ
を受けた 1999 年の市町村合併特例法改正によって、財政支援の強化策を盛り込
むとともに、国が都道府県を巻き込んで積極的な推進を図った。これによって、
1999 年に 3,232 あった市町村が、合併特例法が期限切れとなる 2010 年に 1,727
となった[24]。

　「平成の大合併」による規模の拡大は、地方自治体の機能の面からはプラス
効果が生まれたと評価できるが、地方自治体が住民からそれだけ遠い存在にな
り住民意思の反映と住民による統制という民主主義の面からの問題は残された。
そのほかにも行政への住民参加や行政と住民との協働が、行政主体の規模が大
きくなることによって難しくなるという課題が生れ、さらには名称の消失など
による地域のアイデンティティーや土地への愛着心の希薄化といった住民の心
理面・感情面の問題も無視できない。

23　総務省ＨＰ（http://www.soumu.go.jp/gapei/gapei2.html、2017 年 9 月 30 日閲覧）参照。
24　総務省ＨＰ（http://www.soumu.go.jp/gapei/pdf/090416_09.pdf、2018 年 4 月 28 日閲覧）参照。

第２章　広域連携の制度論的考察

表 2-1　３回にわたる市町村の大合併の内容

	明治の大合併	昭和の大合併	平成の大合併
目的	町村（市制は未施行）による戸籍や小学校などの事務処理	戦後改革によって新制中学や消防・衛生その他多くの事務権限の配分に伴う行財政能力の向上	「分権の受け皿」として「自己決定・自己責任」を果たしうる地方自治体が求められたことなど
主導的役割	明治政府が強制的に合併を図る	国と都道府県がイニシアチブをとる	財政支援の強化を含めて国が都道府県を巻き込んで積極的な推進を図る
標準モデル	小学校を運営していくに必要な規模（300 戸から 500 戸）が標準	新制中学を運営していくに必要な規模（人口 8,000 人）が標準	標準モデルは示されず
市町村の減少幅	1888 年末の 7 万 1,314 から 1889 年末に 1 万 5,859 へ	1953 年に 9,868 あった市町村が 1961 年に 3,472 へ	1999 年に 3,232 あった市町村が 2010 年に 1,727 へ
評価	近代国家発展を支える地方制度の基盤整備	高度経済成長による社会経済的な変動を支える基盤づくりに貢献	自治体の機能強化の一方で住民意思の反映と住民による統制などに課題

出所：筆者作成

2.1.2　広域連携

　合併に比較して、個々の自治体の存立を維持して地域のアイデンティティーを損なうことなく、自己決定権を留保しつつ、大量化・多様化・高度化する行政ニーズに対応する方法が広域連携である。また広域連携は、自治体間にまたがる広域あるいは共通の政策課題に対して政策や事務事業に関して共同化を行うことで、規模のメリットを生かして、経済的な面での効率化を図る機能を有している。そうした面で合併が市町村の規模じたいの統合であるのに対し、いわば機能の統合ということができる。

　広域連携の手法としては、地方自治法が用意している制度に、法人格を与える「地方公共団体の組合」と法人格を与えない「普通地方公共団体相互間の協力」がある。法人格を与えて別の法人を設置するものとして、特別地方公共団体である「一部事務組合」（地方自治法第 284 条）と「広域連合」（地方自治法 291 条の 2）があり、両者を総称して「地方公共団体の組合」（地方自治法第 284 条 ①）と呼ば

れる。他に法人格を有するものとして「地方開発事業団」(地方自治法旧第298条から第319条)があるが、これは法改正[25]により削除されたために新規設置はできない。また法人格が与えられない「普通地方公共団体相互間の協力」として事務の共同処理が用意されている。事務の共同処理の具体的な方式として、「連携協約」(地方自治法第252条の2)、「協議会」(地方自治法第252条の2の2)、「機関等の共同設置」(地方自治法第252条の7)、「事務の委託」(地方自治法第252条の14)、「事務の代替執行」(地方自治法第252条の16)、「職員の派遣」(地方自治法第252条の17)がある。

　これらの制度の性質をみた場合、統合レベルの高低による自己決定権の強弱と、事務の統合による効率性の高低の関数としてみることができる。すなわち、統合レベルを高めれば、地方自治体の事務に関する自己決定度の度合いは必然的に低下する。他方自治体間の調整コストが低下するので効率性は向上する。統合レベルを低くすれば自治体の自己決定権の度合いは高まるが、自治体間の調整コストが高まるので事務の効率性は低下する。広域連携に加わるそれぞれの自治体の事情や事務の内容によって適切な手法が選択されるべきである(図2-2)。

　これらの広域連携制度は、総務省が行った調査「地方公共団体間の事務の共同処理の状況調」(2016年7月1日現在)[26]によれば、全国で8,876件、延べ22,120団体が活用している。方式別では、事務の委託が6,443件で最も多く、全体の7割強を占めている。次に一部事務組合が1,493件で全体の約2割弱、ついで機関等の共同設置444件となっている。

25　2011年8月1日、地方自治法の一部を改正する法律(平成23年5月2日法律第35号)の施行により、事業団に関する規定は地方自治法から削除された。ただし同法附則第3条の規定により、既存の事業団は存続する。
26　総務省「地方公共団体間の事務の共同処理の状況調」(平成28年7月1日現在)(http://www.soumu.go.jp/main_content/000454692.pdf、2018年5月15日閲覧)参照。

第2章　広域連携の制度論的考察

2.2　地方公共団体の組合

2.2.1　一部事務組合

　一部事務組合は、複数の普通地方公共団体または特別区がその事務の一部を協同で処理するために、構成団体それぞれの議会の議決を経た規約を定めて設置するもので、都道府県を含むものは総務大臣、その他は都道府県知事の許可をもって設立される（地方自治法第284条②）[27]。

　一部事務組合は、特別地方公共団体として法人格を有し、事務処理に必要な範囲で権利義務の主体となる。組合には議事機関としての（組合）議会、および執行機関としての管理者が置かれる。また一部事務組合が設置されると事務を処理する権限はそれぞれの構成団体から組合に移譲されることとなる。これによって構成団体の議会は、組合に拠出する毎年の予算および決算についての審議は行うが、その他の権限はなくなる。

　市町村・特別区では、複数の事務を一つの組合に共同処理させることも多く行われるが、共同処理する事務が異なる場合でも一つの組合に共同処理させることも認められており（地方自治法第285条）、この場合は「複合的一部事務組合」と呼ばれ、特例的に独任制の管理者に替えて複数人で構成する理事会を設けることもできる。

　平成の大合併による市町村合併の進展の結果、一部事務組合の所管区域と行政区域の不一致が生じ、新自治体が複数の組合に加入することとなって同一自治体内で1つの事務について事務処理方式が異なるなどの事態も起こっている。今後、一部事務組合の統合・再編、あるいは事務の委託などの他の共同処理方式も含めて効率的な処理方法を検討していく必要がある。

27　個別法で位置づけられる一部事務組合に、教育組合（地方教育行政の組織及び運営に関する法律施行令第11条）と水害予防組合（水害予防組合法）がある。内田（1994:325）参照。

2.2.2　広域連合

　広域連合は、国からの権限移譲の直接の受け皿を目指して、1994年の地方自治法改正（平成6年法律第48号）によって新たに設けられた制度で、1995年6月から法律が施行されている。広域連合は、複数の普通地方公共団体または特別区が、広域にわたり処理することが適当な事務に関して、その事務を広域にわたり総合的かつ計画的に共同処理するために、構成団体それぞれの議会の議決を経た規約を定めて設置するもので、都道府県を含むものは総務大臣、その他は都道府県知事の許可をもって設立される（地方自治法第284条③）。

　広域連合は、一部事務組合と同様に、特別地方公共団体として規約で定めた事務の共同処理を行うが、国、都道府県から直接に権限移譲の受け皿となることができること、直接請求が認められるなどの違いがある。また、様々な広域行政需要に適切かつ効率的に対応するため、共同処理する事務は構成団体間で同一の事務である必要はないなど柔軟な対応が可能となっている。

　なお、高齢者の医療の確保に関する法律（昭和57年法律第80号、旧称老人保健法）によって、2008年4月に始まった75歳以上の者を対象とする後期高齢者医療制度に関する事務は、都道府県の区域ごとに、全ての市町村で構成される広域連合が行うものとなっている。

2.2.3　組合の現状と課題

　前述の2016年7月1日現在の総務省の調査[28]によれば、一部事務組合の設置数は全国で1,515件あり、事務処理の対象としては、ごみ処理が406件(27.2%)し尿処理が337件（22.6%）、救急が271件（18.2%）の順となっている。前回2014年7月1日現在の調査と比較すれば、組合の統合等により22件減少している。

　一部事務組合の設置件数は、1967年から1974年まで毎年ほぼ同じ割合で増

---

28 「地方公共団体間の事務の共同処理の状況調」（平成28年7月1日現在）脚注26参照。

第2章　広域連携の制度論的考察

加し、1974年の3,039件をピークとしてその後は長期的なすう勢として減少している。増加した時期は高度経済成長に時期と重なり、中小規模自治体がごみ焼却などの新しい行政需要への対応が迫られた時期である。その後の減少傾向について、総務省の説明によれば、主に複合的一部事務組合（1974年）と広域連合（1995年）の制度創設が挙げられている。

　一方、広域連合の設置件数は、2007年に各都道府県で後期高齢者医療広域連合(47件)が設置されたこともあり、2016年7月1日現在で116件となっている。前回調査時点から1件の増加となる。

　「関西広域連合」は、都道府県域を超えた唯一の広域連合であり、2010年に7府県（滋賀県・京都府・大阪府・兵庫県・和歌山県・徳島県・鳥取県）によって設置され、その後に域内の4政令指定市（大阪市・堺市・京都市・神戸市）や奈良県の参加も得て、わが国最大の（特別）地方公共団体となっている。当面、広域防災、広域観光・文化・スポーツ振興、広域産業振興などの7つの分野を中心に取組みを行い、将来は国の地方ブロック機関の権限の受け皿目指すこととされている。

　原則として首長が出席し定期的に開催される広域連合委員会や議会において共通課題について議論される仕組みが将来の役割増大に果す意義は大きい。

　一部事務組合や広域連合は、地域内の施設や事業を安定的、能率的に管理運営するための仕組みであり、団体自治の視点からは地方分権を支えるが、その一方で住民から距離ができ見えにくい存在となること、各自治体の権限が一部事務組合や広域連合に移動するため、議会の審議の対象にもならず住民の民主的統制が働かないなど、住民自治の視点からは課題も存在している。加えて広域連合は、構成団体の意見の調整などに時間がかかり、機動的な意思決定を行いにくいこと、課税自主権がなく税財政面での自立が困難なことなどの問題がある。

3 事務の共同処理

3.1 連携協約

　地方自治法には、地方公共団体の組合以外にも、特別地方公共団体を設立せずより簡便な広域連携の方法である事務の共同処理の方法がある。

　事務の共同処理については、2014年地方自治法改正により、それまでの方法に加えて新たに連携協約と事務の代替執行が導入された。

　連携協約は普通地方公共団体が事務の共同処理をする場合に「連携して事務を処理するに当っての基本的な方針及び役割分担」を定める協約を締結するもので、締結後の告示や総務大臣または都道府県知事への届け出、さらに自治紛争処理委員による紛争解決の仕組みなどの規定も付加されている（地方自治法第252条の2）。

　連携協約の締結は、都道府県と市町村の間や異なる都道府県の区域に所在する市町村の間など、いかなる普通地方公共団体の間でも締結が可能であり、条件不利地域の市町村を都道府県が事務処理を補完することも想定されている。連携協約の内容は、地域の実情に合わせて柔軟な連携が可能なように抽象的な定めとなっており、双方の地方公共団体が、必要に応じて条例・規則の制定あるいは事務の委託などで定めることでフレキシブルに対応できるようにしている。2016年7月1日で175件の連携協約がなされており、うちその7割強の128件が連携中枢都市圏の形成に係る連携協約となっている。2014年7月1日の前回調査から新設による皆増となっている[29]。

---

29 「地方公共団体間の事務の共同処理の状況調」（平成28年7月1日現在）脚注26参照。他の広域連携手法の現在数・増減数も同資料による。

第 2 章　広域連携の制度論的考察

3.2　協議会

　普通地方公共団体は事務の共同処理のため協議により規約を定めて、協議会を設置ができる（地方自治法第 252 条の 2 の 2）。協議会は、その目的により、①事務の一部を共同して管理および執行するためのもの（管理執行協議会）、②事務の管理および執行について連絡調整を図るためのもの（連絡調整協議会）、③広域に総合的な計画を共同して作成するもの（計画作成協議会）の 3 種がある。これらの協議会には法人格はない。規約を定めるには、②の場合を除いて議会の議決を必要とする。

　協議会を設けたときは、その旨と規約を告示し、総務大臣または都道府県知事に届け出なければならない。協議会は必要に応じ、関係ある公の機関の長に資料の提出など必要な協力を求めることができる。

　協議会は 2016 年 7 月 1 日現在で 202 件あり、前回調査(2014 年)との比較では、教育に関する協議会等の減少により 8 件減少している。

3.3　機関等の共同設置

　2011 年の地方自治法改正により、議会事務局など内部組織、事務局や行政機関の共同設置が可能となった。

　普通地方公共団体は、協議により規約を定めて、共同して、議会事務局もしくはその内部組織（議会事務局調査課等）、執行機関としての委員会・委員、執行機関の附属機関、保健所・警察署その他の行政機関、首長部局の内部組織、委員会・委員の事務局もしくは内部組織、議会・長・委員会もしくは委員の補助執行をする職員または専門委員を共同して置くができる（地自法第 252 条の 7 ①本文）。

　機関等の共同設置は 2016 年 7 月 1 日現在で 444 件あり、前回調査から 28 件増加している。

3.4 事務の委託

普通地方公共団体は、協議により規約を定めて、事務の一部を他の普通地方公共団体に委託できる（地方自治法第 252 条の 14 ①）。

事務の委託は 2016 年 7 月 1 日現在で、全国で 6,443 件実施されており、その対象事務は多い順番で、住民票の写し等の交付に関する事務（1,417 件 22.0％）、公平委員会に関する事務（1,141 件 17.7％）、競艇に関する事務（854 件 13.3％）である。前回調査から行政不服審査法上の附属機関に関する事務の皆増や、住民票の写し等の交付に関する事務等の委託の増加等により、464 件増加している。

なお地方自治法に基づく事務の委託は、民法上の委託と異なり、管理執行権限が委託者から受託者に移行する。それを嫌って民法上の委託契約によって、ごみ焼却等を他の地方公共団体に委託している団体も見られる。

3.5 事務の代替執行

上記の事務の委託制度上の問題である管理執行権限移行を回避する目的で、2014 年の地方自治法改正によって新たに事務の代替執行制度が設けられた。これは、普通地方公共団体が、他の普通地方公共団体の求めに応じ、協議により規約を定め当該他の団体の事務の一部を、当該他の団体またはその執行機関の名において管理し執行（事務の代替執行）できるというものである（地方自治法第 252 条の 16 の 2）。

この規約を定めるには関係地方公共団体の議会の議決を要し、規約を定めた場合は、告示と総務大臣または都道府県知事への届け出が必要である。代替執行する団体またはその執行機関は、代替執行を求めた団体の名において事務の管理・執行をすることになるため、代行執行を求めた団体は事務の処理権限を失うことなく、自らの条例・規則の適用も可能である。

事務の代替執行制度は、通常の市町村間のほか、山間部の過疎地など条件不

第2章　広域連携の制度論的考察

利地域の市町村において近隣に事務の共同化を行うべき市町村がない場合において、やむを得ず都道府県が事務の一部を当該市町村に代わって処理することができるようにすることを念頭に設けられたものである。2016年7月1日現在で、上水道に関する事務と公害に関する事務がそれぞれ1件ずつとなっている。

3.6　職員の派遣

普通地方公共団体の執行機関は、特別の必要があるとき、他の普通地方公共団体の執行機関に対し、職員の派遣を求めることができる（地方自治法第252条の17①）。この制度は大規模災害時の緊急対応や復興事務のため活用されることが多い。

4　その他の連携方式

その他として垂直連携であるが、条例による事務処理の特例が設けられ、都道府県知事の権限に属する事務の一部を条例の定めるところにより市町村が処理することとすることができる（地方自治法第257条の17の2①）。

以上にあげたものが地方自治法の規定する広域連携方式であるがこれ以外にも、任意の協議会、私法上の委託などの方法で自治体間の連携が行われている。

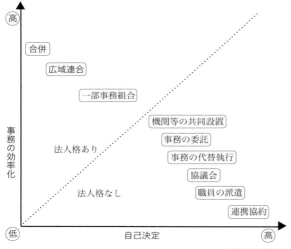

図2-2　広域連携の種類と性格（イメージ）

出所：筆者作成

5 広域連携の新たな取組み

5.1 広域連携のインフラとなる団体

5.1.1 地方六団体

広域連携を効果的に進める前提として、広域連携を検討する自治体間に共通する課題の認識と対応方針の合意が不可欠である。そのために各自治体間の連絡調整が必要とされ、首長などによる定例的な会議が置かれている。

地方自治法に位置づけされた連絡調整組織として地方六団体が存在する。それは、全国知事会、全国市長会、全国町村会、全国都道府県議会議長会、全国市議会議長会、全国町村議会議長会である。これらは法人格をもたない団体であるが、自治体間の情報交換や連絡調整、調査研究のほか、国への要望や意見表明などの活動も行っている。

1993 年に議員立法により、地方六団体が共同または単独で、地方自治に影響を及ぼす法令その他の事項（国会決議、閣議決定、計画等）に関して、内閣に意見を申し出、または国会に意見書を提出できるようになった（地方自治法 263 条の 3 ②）。さらに、2011 年に地方六団体の代表と内閣官房長官をはじめ総務大臣・財務大臣など関係閣僚で構成される「国と地方の協議の場」が「国と地方の協議の場に関する法律」（平成 23 年法律第三十八号）で設置され、地方財政対策や社会保障・税一体改革などの協議が行われている。

5.1.2 指定都市都道府県調整会議

政令指定都市とこれを包括する都道府県の間では 2014 年の地方自治法改正で指定都市都道府県調整会議を設けるもの（必置）とされた（地方自治法第 252 の 21 の 2 ①）。これは指定都市の市長とこれを包括する都道府県の知事で構成されるが、必要に応じてそれぞれの議会や委員会等の執行機関の代表者を参加させる

第 2 章　広域連携の制度論的考察

こともできる。市長または知事は、当該調整会議での協議が進まず第三者の調整が必要な場合には、総務大臣に対して「指定都市と包括都道府県の間の協議に係る勧告」を求めることができる（地方自治法第 252 の 21 の 3）。

　この勧告の求めがあった場合に、総務大臣は指定都市都道府県勧告調整委員を任命しその意見を求めることとしている（地方自治法第 252 の 21 の 3 ⑧）。

5.1.3　その他の連絡調整会議

　その他の連絡調整会議として、首都圏の知事・政令指定市長による九都県市首脳会議（首都圏サミット）[30] や関西広域連合の首長による委員会がある。これらの会議が定例的に開かれることで共通の課題認識と対応に向けた共同の取組みを促している。

6　都市圏・自立圏の形成

6.1　広域市町村圏など

　1969 年 5 月の新全国総合開発計画で、過密・過疎や地域格差の是正を目的にして、広域生活圏を設定して地域開発の基礎単位とすることが構想された。これを受けて自治省（現総務省）は 1969 年 10 月、広域市町村圏の振興整備計画を打ち出した。1979 年には大都市周辺地域広域行政圏の設定が行われている。

　広域市町村圏は、圏域人口が概ね 10 万人以上で、日常社会生活圏を形成する可能性を有すると認められる圏域（大都市周辺地域広域行政圏を除く）をいう。圏内では全市町村が一部事務組合などの広域行政機構を設置して広域市町村計画を策定し、圏内の道路、消防救急、上下水道、ごみ処理、公園、病院、福祉施設、

30　1979 年に当時の首都圏の都県と政令指定市で発足した各知事・市長による定例的な会議で、首都圏サミットとも呼ばれる。東京湾フェニックス計画の実施の可否が公式に検討される場となった。第 6 章―事例分析 2 参照。

体育施設、図書館、農業倉庫、集出荷所などの事業や公共施設を共同で整備するが、この事業には国の補助金が交付される。なお大都市周辺地域広域行政圏とは、大都市と一体性を有する地域で圏域人口が概ね40万人程度の規模である等の要件を具備した圏域をいう。

　そのほかに建設省（現国土交通省）にもほぼ同様の目的を持つ「地方生活圏」の制度があり、地域割りも広域市町村圏に近似している。1977年11月の第三次全国総合開発計画で構想された「定住圏構想」も同様の趣旨を持った制度である。

　2008年4月1日現在で、広域市町村圏は、334圏、構成市町村1,503、大都市周辺広域行政圏は25圏域、構成市町村199に上った。（総務省「広域行政圏の状況（平成20年4月1日）」[31]）。

6.2　連携中枢都市圏構想

　広域市町村圏などの圏域形成の政策の流れは今日も続いている。連携中枢都市圏構想は、2014年12月に閣議決定された「まち・ひと・しごと創生総合戦略」において、他省にあった広域連携のための圏域概念の統一化が図られ、総務省で作られていた「地方中枢拠点都市圏構想」（2014年8月総務省要綱）の名称・目的が変更（2015年1月要綱改正）されたものである。

　相当の規模と中核性を備える圏域において、当該圏域の中心市である政令指定市または中核市と近隣の市町村が、連携協約（地自法252条の2）を締結することにより、連携中枢都市圏を形成し、圏域の活性化を図ろうと狙いがある。この連携を通じて、コンパクト化とネットワーク化により、「経済成長のけん引」、「高次都市機能の集積・強化」、「生活関連機能サービスの向上」を行い、人口減少・少子高齢社会においても一定の圏域人口を有し活力ある社会経済を維持するための拠点を形成しようとするものである。

　連携中枢都市の要件としては政令指定市・中核市で人口20万人以上、昼夜間

31　総務省ＨＰ（http://www.soumu.go.jp/kouiki/pdf/H20.4.1.pdf, 2018年5月20日閲覧。）参照。なお、広域市町村圏は2009年3月末に廃止された。

第 2 章　広域連携の制度論的考察

人口比率が概ね 100 以上などで、三大都市圏以外を優遇する要件もある。連携
中枢都市および連携市町村には特別交付税などによる財政支援がなされる。

6.3　定住自立圏構想

　連携中枢都市圏以外では、地方圏の人口流出を食い止める「ダム機能」を目
指す「定住自立圏構想」（2008 年 12 月総務省要綱）の活用が期待されている。
　定住自立圏構想は、市町村の主体的取組として、原則として三大都市圏以外
の人口 5 万人程度以上ある中心市とその近隣市町村が、相互に役割分担し、連携・
協力することにより、圏域全体として必要な生活機能等を確保し、地方圏にお
ける定住の受け皿を形成しようとするものである。
　中心市宣言をおこなった市が近隣市町村と個々に定住自立圏形成協定を結び、
定住自立圏共生ビジョンを策定し、これに基づき機関の共同設置や事務の委託
などの手法を活用して具体的取組を進めていく。具体的には、中心市にある病
院などを活用した休日夜間診療や、コミュニティバスの運行、体験型観光のネッ
トワーク、職員の交流、外部専門家の招へいなどの取組が行われている。
　2018 年 4 月 1 日現在で 134 市が中心市宣言を行っており、121 の圏域で定
住自立圏形成協定の締結又は定住自立圏形成方針の策定により定住自立圏の形
成手続が完了し、118 の圏域でビジョン策定が完了している[32]。定住自立圏につ
いては、特別交付税による包括的財政措置等のほか、地域活性化事業債の充当
や各省による支援策の優先採択がある。

7　特別法による広域連携

　地方自治法以外の特別法にも、広域連携を定めているものが存在する。特別

32　総務省ＨＰ（http://www.soumu.go.jp/main_sosiki/kenkyu/teizyu/、2018 年 5 月 20 日閲覧。）参照。

法による広域連携の一つに、1981年制定の広域臨海環境整備センター法による大阪湾フェニックス事業（正式名称は、大阪湾広域臨海環境整備事業）がある。当該事業では、近畿圏の大半の地方自治体が共同で廃棄物の埋立処分事業を行っている。なお、首都圏（東京湾）においても同様に事業化することが、首都圏サミットの場で検討されたが実現には至らなかった（第6章–事例分析2参照）。

　大阪湾フェニックス事業は、1982年3月に廃棄物の最終処分を希望する自治体と関係する港湾管理者の出資により設立された大阪湾広域臨海環境整備センターが実施主体となって行う廃棄物埋立処分と土地造成を目的とする広域の共同事業である。

　事業の性格上、大阪湾圏域すなわち大阪湾に流入する河川流域の市町村の区域が対象となっており、2府4県及び168市町村（近畿圏の全面積の6割、全人口の9割）と4港湾管理者（大阪府・市と兵庫県・神戸市）が出資している。港湾管理者が処分場外周部の護岸を整備し、その中に市町村の焼却灰などの廃棄物を埋立、土地を造成し、完成した土地は港湾管理者に引き渡すという事業構造となっている。

　この事業の特徴は、特別法によって出資団体を構成する団体の区域は限定されているが、団体の事業への参加（出資）は自由であり、また参加しても長期計画の枠内[33]であれば各年度の搬出廃棄物の有無も自由であり、センターという共同の機構が設立されてはいるが、あたかも民間の委託契約のようにフレキシブルな運用ができることである。ただ環境基準の順守など、構成団体として必要なルールを守る必要があることは論をまたない（第6章–1参照）。

8　新たな連携のカタチ

　本章の冒頭で述べたように単独主義の限界を補う方法として、合併以外にも

33　基本計画に各市町村別の排出枠が定められており、当該枠に応じて各年度の負担金（委託料）があり、枠の超過は許されないが、それ以外の制約はない。

広域連携の各種手法が制度化されている。これらの制度的に確立された広域連携に加えて、今後求められる連携のカタチは何だろうか。連携が求められる新たな要因としては、規模の小ささを補う消極的なもの（本章1「地方自治体間の協力形態としての広域連携」の項で述べた要因 ①〜⑥）に加えて、より積極的な動機からつぎのものが考えられる。すなわち、⑦新たな行政需要への対応—地域活性化など新しい地域のニーズに共同で対応する必要があるとき、⑧行政革新の試み—市町村の枠を超え、地域NPOをはじめ多様な担い手と協働するなど従来の行政手法を変革する必要があるとき、⑨遠隔の地方自治体との連携—災害時のカウンターパートナー協定、広域観光キャンペーンなど、が考えられる。

　新たな連携は、従来の市町村間の横の関係（水平連携）だけでなく、国の機関や都道府県との縦の関係（垂直連携）も重要な要素となろう。市町村と都道府県の垂直連携については、地方分権一括法による地方自治法改正で、「条例による事務処理の特例」（地方自治法第252の17の2）が設けられたところである。これまで都道府県から市町村に対しては、その規模と能力に応じて権限移譲がなされているが、市町村から都道府県に事務が移ることは多くなかった。しかし2014年の地方自治法改正で、連携協約と事務の代替執行が新設されたことによって、今後は条件不利地域の市町村において近隣に事務の共同化を行うべき市町村がない場合などに、都道府県が補完的に事務の一部を代わって処理を行うことが考えられる。

　地方自治法改正による連携協約などの事務の共同処理方法の拡大は、広域連携の自由度を高め、市町村の選択肢を増やしている。広域連携制度は、度重なる法改正や政策の充実によってかなり充実してきており、今後はそれらのツールを活用し、どのような業務を広域連携のテーマとして選び、どのような内容の連携を行い、どのようにして広域連携の成果を上げるかが問題となる。いずれにせよ広域連携は手段であって目的ではない。肝心なことは、広域連携を行うか否か、どの方法で行うかではなく、地域にどれだけ貢献できるかである。

9　小括

　本章では、地方自治体間の協力形態としての広域連携に関して、自治の基本原則に基づく地方自治体の単独主義と、組織の統合を伴う合併にまでは至らないものの、様々な社会的な要請から形成される広域連携とを対比させて考察した。さらに、地方自治法が定める広域連携の種類について、特別地方公共団体（一部事務組合・広域連合）という別法人を作って広域連携を行うものと新たな法人を作らずに事務の共同処理の方法で広域連携を行うものに分けて、その内容を整理分析した。また、近時の広域連携の多様化へのニーズの高まりに対応して、地方自治法の枠以外で設けられている制度として、広域連携と深い関わりを持つ地方自治体間の連絡組織、都市圏・自立圏や定住自立圏などの地域圏、特別法による広域連携、そして新たな連携のカタチについて言及した。

　広域連携の設立目的は、規模の利益の追求であって、それによって実現される事務の効率化である。しかしながら効率性を高めれば高めるほど、個別の構成団体の自己決定の比重が低くなって構成団体自らの意思を広域連携が行う事業に反映させることが困難になるという性質を持つ（図2-2参照）。またこれは別の視点からみれば、広域連携組織のガバナンスと民主的統制の問題でもある。また、広域連携の一般法である地方自治法が定める一部事務組合・広域連合によれば広域連携事業の実施が制度上・事実上不可能な場合に、当該事業の実施を促す社会的要請に応えるために特別法による広域連携の設立が選ばれることが理解された。ただどの連携方法がベストであるということはなく、どの方法によるかは社会的要請の強弱と当該地方自治体が置かれた状況に基づいて行われる政策選択の問題でもある。

第3章　広域連携の組織論的考察

1　広域連携と組織

　複数の自治体が協約締結等によって事務の共同処理（広義・狭義）を行う行為を組織論の立場から見れば、それは自治体間の協働に他ならず、一つの組織が成立していると見ることができる。それでは自治体間の協働はどのような特性を持っているのであろうか。本章では、この問題について理論的な観点から考察を行う。

　組織とは何か。我々は日常生活において組織に馴染んでいながら、組織とは何であるかを明確に意識したり、的確に言い表すことができない。それだけ組織は複雑な実質と機能を持っているからであろう。アダム・スミス(Smith,A.,1776)が著した『国富論』(The welth of Nations) で引用された有名なピン工場の分業例を持ち出すまでもなく、組織は分業によって生まれるもので、分業はなすべき仕事の効率を飛躍的に向上させる機能を持っている。この分業によって作り出される組織をもっとも簡単に定義すれば、それは協働、複数当事者による協働ということになる。

　20世紀に入ると近代化・工業化の進展によって、分業は大規模化するとともに多分野に拡散し、組織は飛躍的発展を遂げた。

　田尾（2012）によれば、「組織とは、何かをなすためのヒトの集合体であり、そのためにヒトを動員させる仕掛けでありシステム」であって、「ヒューマン・オーガニゼーション（human organization）」であるだけでなく、何かを達成するための「ワーク・オーガニゼーション（work organization ）」[34] である。この定義は、

42

組織は人間の集合体であるとともに仕事を遂行するためのシステムであるという組織が持つ二つの側面を明らかにしている。

　組織は近代社会が必要としたもので、組織論の中核に置かれるものは分業化の仕組みと課題を明らかにすることである。以下に、まず組織論に関わる学説の発展過程を見てみることとする。

2　組織論の発展経緯

2.1　近代官僚制

　近代組織論は、社会科学の父とも言われるマックス・ウェーバー（Weber,M.）に始まるとされる。ウェーバーは社会学の立場から現代社会を支配するようになった多くの種類の組織に共通する一般的な特徴を抽象化して官僚制と呼ばれる理念型（ideal type）を作った[35]。ウェーバーが掲げる官僚制の７つの特徴は、専門化・ハイアラキー（階層的序列）・規則・非個人性・公私の分離・文書主義・専門能力と年功にもとづくキャリア形成である[36]。のちに官僚制はその制度の理念となっている合理性が予測可能性を生み出すことから広く普及し、近代における大規模で複雑な組織の管理にかかわる最も技術的に優れた組織とされている。ウェーバーが提唱した近代官僚制は、その後マートンによって逆機能による弊害が指摘されるなど官僚制への批判を受けつつも発展を遂げていく。

2.2　組織論の発展

　経営学において中心的な部分を占める組織論をめぐる学説は、初期・中期・

34　田尾（2012：2）。
35　Weber（1922）、渡辺（2007:12-13）参照。
36　渡辺（2007：12）参照。

第 3 章　広域連携の組織論的考察

現在の 3 つの時期に分けて、それぞれ古典的組織論、新古典的組織論、現代組織論の 3 つに分類して説明されることが多い。例えば、田尾（2012）は、初期のウェーバーの官僚制論の時期を「モダン」、官僚制の限界から逆機能論が提示される時期を「ポストモダン」、さらに「ポストモダンを超え」[37] る時期に分類する。

　ここではモダン、ポストモダン等の概念を使用しないで、より一般的な分類に従って、組織論の流れをウェーバーによる近代官僚制の理念型の提唱に始まる古典的組織論、古典的組織論の枠を依拠しつつも部分的な修正を試みる新古典的組織論、そして古典的組織論の枠から離れて動的・実質的な組織観に立つ現代組織論に分類してその詳細な内容を見ていくこととする[38]。

2.2.1　古典的組織論

　古典的組織論の代表として挙げられるのは、ウェーバー（Weber,M.）のほか、テーラー（Taylor,F.W.）ファヨール（Fayol,H.）の 3 人である[39]。

　社会学者であるウェーバーは、組織の目的達成を効果的に実現する合理的な組織構造として近代的官僚制を提唱し、官僚制の特徴を持った組織が近代化とともに拡大することを予言した。このウェーバーが挙げた官僚制は、先に述べたように階層性を最大の特徴とし、規則主義、文書主義等を内容とする組織であるが、この特徴を持った組織観が古典的組織論として位置付けられる。また、この組織は組織図の形で我々が目にする組織で静的な組織観に立っている。

　そして経営学の父と呼ばれるテーラーは、組織を機械的なものとみなして最大限の効率を求める方法を考え、1 日のノルマとなる課業の管理、時間動作研究に基づく作業の標準化、それを実行するための最適な組織形態としての職能組織を内容とする「科学的管理法」と呼ばれる生産管理の原則を提唱した[40]。

　他方ファヨール[41] は、管理者の用務に関連する管理の一般原則を定式化した。

37　田尾（2012：3-17）参照。
38　朴（2003：202）参照。
39　岸川（2015：30-37）、朴（2003：202）、橋本（2011：23-24）参照。
40　Taylor（1911）参照。
41　Fayol（1916）参照。

ファヨールは、経営に不可欠な基本的機能を技術活動、商業活動、財務活動、保全活動、会計活動、管理活動の6つに分類した。そして6つの原則の中でも管理活動を経営活動に欠かせない最も重要な活動であるとし、その内容である予測、組織化、命令、調整、統制の管理原則の重要性を指摘し、のちの管理過程論を生み出した。

　古典的組織論の組織原理を要約すれば、分業と調整（統合）であり、それを達成するために、必然的に最高管理者を頂点とするハイアラキー構造の指向、つまり「ハイアラキーの原理」を追求することになる。[42]

2.2.2　新古典的組織論

　古典的組織論に対して、古典的組織論の大枠に依拠しつつも、その部分的な修正を試みるのが新古典的組織論である。

　先の古典的組織論に対しては、社会学の立場から官僚制の逆機能論がマートン（Merton,R.K.）やグールドナー（Gouldner,A.W.）らによって展開された。逆機能とは順機能の反対用語で、形式主義、画一主義、セクショナリズム、などのマイナス面を指している。マートンらは、規則・規律の順守が強調されると組織のメンバーが自己防衛のため規則に従うことが自己目的化し、予期せざる結果がうまれ、非効率に陥るとする。

　また、心理学の立場からは、古典的組織論における産業心理学者による生理学的疲労度などの研究から発展し、メイヨー（Mayo,G.L.）らによるホーソン実験によって、生産性の向上は物理的条件や賃金によるのでなく、モラール管理、職場の人間関係が重要であるという「人間関係論」が提唱された[43]。

　経営学の立場から古典的組織論の修正論として登場するのが、バーナード（Barnard,C.）、サイモン（Simon,H.A.）らによる行動科学的意思決定論、組織論である。バーナードは、組織を二人以上の人々が共同の目的をもって相互作用して成し遂げている協働システムとして捉えた。この協働を継続させるために

42　朴（2003：244）参照。
43　朴（2003：215-220）参照。

は、メンバーに貢献を引き出す誘因を与える必要がある。この誘因と貢献の均衡が保たれるときに協働システムは維持されると考える。そこでは組織に参加する全ての人々は「意思決定者」であって、管理者の役割は、組織内のコミュニケーションを提供し、協働の意欲を維持し、組織の目的を維持することにある。

　また、バーナード同様に人間の意思決定を重視するサイモンは、情報収集の限界を理由にして、人間の意思決定は「限られた範囲でのみ合理的」であるとする。この制限された合理性ゆえに、複雑で大きな問題を対処する場合に問題を複数に分解して解決するしかない。別々に分かれる組織のメンバーの行動パターンは統合される必要があり、個々人の行動は管理されなければならない。結果的として組織の階層化が生みだされ、組織は個人の制限合理性の克服のための道具としてとらえられている。

　このように、新古典的組織論では、管理者の役割に焦点が当っており、究極のところハイアラキー構造を肯定する立場にあった。

2.2.3　現代組織論

　古典的組織論、新古典的組織論が、ウェーバーが提唱した階層性（ハイアラキー）を組織の基本として捉えるのに対して、そこから脱しようとするのが現代組織論である。

　社会学の立場からは、階層性を意味するハイアラキー構造そのものを否定して、それに代わる非ハイアラキー構造を試みる「反官僚制論」が生まれている。ベニス（Bennis,W.G.）の「有機的適応構造」やテーヤー（Thayer,F.C.）の「非ハイアラキー構造」説などがそれである。ベニスは、個々の場面ごとのタスクフォースやプロジェクトチームによって問題は解決されていくと説明し、テーヤーは協働的な社会関係と人間らしい生を営むのに障害となるハイアラキーを打破すべきだと主張する[44]。

　心理学の立場からは、それまで組織の構成要素としか捉えられてこなかった人

44　朴（2003：210-216）参照。

間に光を当て、組織は人間の集合であって、個人と集団の問題を解決すること
が組織論の役割であるとする。マズロー（Maslow,A.H.）は、人間を動かす要因
として個人の欲求に注目して欲求段階説を提唱している。また欲求段階説の一
つとして示された自己実現の欲求に注目して、本来成長しようとする人間を未
成熟のままに維持しようとするフォーマル組織の弊害を改善すべきとするアー
ジリス（Argyris,C.）の未成熟・成熟理論が提示された。これらの理論はリーダー
シップ論、モチベーション論にもつながっていく。これらの一連の学説の流れ
は、組織の構成員を機械の歯車でなく個人としての人間性を重視する過程であっ
たと言えよう。

表 3-1　学問領域別組織論の分類

学問領域	古典的組織論（理念型）	新古典的組織論（消極的修正論）	現代組織論（積極的修正論）
社会学	官僚制（ウェーバー）	官僚制の逆機能（マートン他）	反官僚制論（テーヤー他）
心理学	（初期産業心理学）	人間関係論（ホーソン実験、　メイヨー）	自己実現人モデル（マズロー、アージリス）
経営学	科学的管理論（テーラー）経営管理論（ファヨール）	行動科学的意思決定論（バーナード、サイモン）	ごみ箱モデル（コーエン、マーチとオルセン）ルース・カップリング論（ウェイク）コンティンジェンシー・セオリー（ローレンス他）ネットワーク組織論

出所：朴（2003：202）を筆者修正

　経営学の立場からは、組織をより柔軟で多様な視点で組織を捉えようとする。
ローレンスとローシェ（Lawrence,R.R.and J.W.Lorsch）が命名したコンティンジェ
ンシー・セオリーは、全ての組織に妥当する唯一最適の原理はあり得ないとす
る立場で、環境変化に応じて最適の組織が決まるという相対的な組織論に立つ。
またマーチとオルセン（March,J.G.and Olsen,J.P.）などのごみ箱モデルでは、組
織の意思決定は、選好や因果関係などがしばしば不明確でその参加者もしばし
ば流動的であるという「組織化された無秩序」を指摘している。さらにウェイ
ク（Weick,K.E.）がルース・カップリング（緩やかな関係）論で描くモデルにも、「組

第3章　広域連携の組織論的考察

織化された無秩序」が指摘されている[45]。

　以上に見られるように組織社会学、組織心理学、経営管理論のいずれの立場からアプローチするにせよ、古典的組織論から新古典的組織論、そして現代組織論に移るにしたがって、階層構造（ハイアラキー）からの脱却と、組織の成員である個々人の人格重視とその緩やかな結合が指摘されている[46]。

3　市場（マーケット）・組織（ハイアラキー）・中間組織（ネットワーク）

3.1　市場と組織の二分論

　組織を経済学の観点から考察してみよう。経済学では、主体間の取引を研究対象として、主体間の行動を支配する法則を見出そうとする。ここで参考になるのが、ウィリアムソンの取引コスト理論である。ウィリアムソンの取引コスト理論は、「組織失敗モデル」、「市場・階層モデル」[47] とも呼ばれる。

　スミスが言う「神の見えざる手」による需要と供給の不均衡を是正するマーケットメカニズムによる調整が生み出すマイナス面、すなわち「市場の失敗」の代表例として、生産要素（とくに資本設備）の分割不可能性、生産規模の拡大による規模の経済性（費用低下）、市場に反映されない外部効果、不確実性の存在などがあげられる[48]。

　市場経済の発展につれて、大量生産・大量販売体制が生まれ、小さな単位の企業が市場で競争し合って形成されるマーケットメカニズムが機能しなくなり、企業組織の中に、市場とは異なる取引システムが作られた。国防や警察といった昔からの公共財に加えて、公害などの外部不経済が生まれ、政府はその規制に乗り出さざるをえなくなった。教育研究の現場では、市場では評価されない外

45　朴（2003：265-266）参照。
46　朴（2003：258、265-266）参照。
47　山倉（1993：54）参照。
48　今井・金子（1988：124）参照。

48

部経済が重要となり、大学や研究所のような組織で対応する必要が生まれてきた。

このように組織は、マーケットメカニズムが機能しない場合に、価格による相対取引をやめて、集合的な行為によって目的を達成しようとする手段として捉えられる[49]。

したがって現在の経済学者は、経済の秩序はどう形成されるかと問われれば、市場か組織かと答えるようになった[50]。そんな中でウイリアムソンの取引コスト理論は、市場か組織かという選択の問題を分かりやすく説明したものである。取引コスト理論では、制限合理性と機会主義という主体的要因、複雑性と少数制という環境要因の組み合わせによって市場取引のコストが決まり、市場か組織かが選択される。環境の複雑性の程度が大きく、主体が限られた合理性に基づく判断しかできない場合は市場での取引コストが高くなるために、市場よりも組織が選択される。また取引相手が少数で相手を出し抜く駆け引きのような機会主義的行動が起こりやすい場合は、情報取集等の取引コストが高くなるために、これを回避するために市場よりも組織（内部組織化）が選択される[51]。

3.2　市場と組織の中間領域

実際の企業間関係では、企業間で交換される資源は財や情報だけでなく、権力、情緒、信頼なども含まれ、これらは重複して存在し、1つの取引関係に複数の内容が含まれる場合が多い[52]。そこでは企業間の関係は、単なる価格で結びつく単純な関係でなく、複雑で多様な関係になる。

例えばウズィー（Uzzi,1996）は、企業間の関係は「市場関係」と「埋め込まれた紐帯」の2つのタイプの紐帯に分類できるとする。後者は、長期にわたって繰り返される密接で個人的な関係であり、信頼、情報、協同の問題解決という3つの利益をもたらすと論じる。そして企業間関係が、市場関係よりも埋め

49　今井・金子（1988：126）参照。
50　今井・金子（1988：126）参照。
51　山倉（1993：55）参照。
52　渡辺（2007：162）参照。

49

第 3 章　広域連携の組織論的考察

込まれた紐帯の関係である場合に、企業の生存率が高いと報告している。

　また企業間の関係を市場だけでなく組織としても捉えるようになると、市場
と組織（ハイアラキー）という 2 つの取引関係を制御する統治メカニズムの他に、
両者のハイブリッド（混合）型、あるいは中間組織の存在が認められるように
なり、ノーク（Knoke,2001）は、「市場の相互作用と官僚制的統合」を組み合わ
せたものとして戦略的提携を提示している[53]。

表 3-2　組織間関係の諸タイプ

〔ハイアラキー〕	・子会社 ・合併 ・買収
〔戦略的提携〕	・ジョイント・ベンチャー ・事業協同組合 ・株式投資 ・研究開発コンソーシアム ・戦略的協同契約 ・カルテル ・フランチャイズ契約 ・ライセンス契約 ・下請けネットワーク ・業界標準化団体 ・行為セット
〔市場関係〕	・アームズレングス（Arm's-Length）売買契約（公正な取引）

出所：Knoke(2001：123)、渡辺（2007：166）を一部筆者修正。

3.3　ネットワーク組織

　パウエル（Powell、1990）は、上記の戦略的提携のような組織形態を、「ネットワー
ク型組織」と呼び、市場とも組織（ハイアラキー）とも異なる行為者間の関係を
統治する 1 つの方法としている[54]。

　このネットワーク型組織の特徴として、渡辺（2007）は「ネットワークでは、
取引当事者間の関係にみられる互酬性や評判が統治メカニズムとして重要であ

53　渡辺（2007：165）参照。
54　Powell（1990：295-336）参照。

50

る。ネットワーク型組織の特性として強調されるのは友好やオープンエンドな相互依存にもとづく情報交換・学習の促進、そして協働・信頼の創造である。」[55]と指摘している。

表 3-3　統治メカニズムとしての市場・ハイアラキー・ネットワーク

主要な特性	形　　　態		
	市　　場	ハイアラキー	ネットワーク
規範的基礎	契約—所有権	雇用関係	相補的強さ
コミュニケーション手段	価格	ルーティン	関係的
紛争解決法	値段交渉	経営上の命令	互酬性の規範
	司法争訟		評判への配慮
柔軟性の程度	高	低	中
当事者間のコミットメントの量	低	中から高	中から高
基調または雰囲気	精密かつ、または猜疑的	公式的・官僚制的	制約が少ない・相互利益的
行為者の選好・選択	独立的	依存的	相互依存的

出所：Powell（1990：300）の table 1 より抜粋。

　これに対して公文（1994）は、経済学の視点から離れて、情報社会の観点からネットワーク組織をより広く、社会全体のシステムとしてとらえている。

　まず公文は、複数の主体間での相互作用として、他の主体を自らが望む挙動・行為を行わせることを制御と呼び、主体間の相互制御の方法を、①強制＝相手の主体性を無視して、当方の期待する行動ないし状態を一方的に相手にとらせる方法（たとえば、ある領域から物理的に追い出してしまう）、②搾取＝相手のすきをついて、つまり相手が適切な対処行為をとれないでいる間に、当方の望む状態を一方的に出現させる方法（たとえば、相手の保有する手段をこっそり盗んでしまう）、③誘導＝相手が自分自身の判断で、当方が望むある特定の行為を自発的に実施ないし中止したくなると予想されるような、環境条件をつくりだす方法（たとえば、扉に鍵をかけておくことで、相手に侵入をあきらめさせる）、に分類できるとする[56]。

55　渡辺（2007：168）参照。
56　公文（1994：142）参照。

第3章　広域連携の組織論的考察

　そして他主体の行為の制御が、その主目標となっている相互行為を、とくに「政治行為」（経済行為と比較する意味で）と呼び、政治行為の三基本類型として、脅迫・取引・説得をあげた。そのうえで、脅迫は強制と、取引は搾取と、説得は誘導と結びつきやすいとした[57]。

　公文によれば、ネットワーク組織とは「説得・誘導型の行為がその中での支配的な相互制御行為となっている複合主体（＝組織）」[58] ととらえられる。また、（広義の）ネットワークを「説得・誘導型の行為がその中での支配的な相互制御行為となっている社会システムの総称」[59] としたうえで、さらに説得・誘導の仕方を詳しく定義するために、（狭義の）ネットワークを「通有・互酬型の行為がその中での支配的な相互制御行為となっている社会システムの総称」[60] と定義した。

　公文はこの互酬システムを、財やサービス（恩や貸し）の一方的な提供で、それが後の時点でのお返しを期待して行われるもので、さらにしばしばそれ自体が過去の時点で受けた恩や貸しへのお返しとしてもなされる、その場合、いつの時点で、何を、誰にお返しとして提供するといった条件は、関係者間で明示的に指定され、相互了解されているわけではない、と定義している。つまり、「互酬」において、お返しへの期待は相互の暗黙の了解に過ぎず、「取引」ではなく「誘導」の一種となる。また、通有システムは、恩や貸しの対象が財やサービスでなく、情報や知識の一方的な提供を手段とする誘導が相互制御の支配的な方式となっている社会システムと定義している。

　そして公文は、社会システムを、①国家＝脅迫・強制型（ハイアラキー）、②企業＝取引・搾取型（市場）、③ネットワーク組織＝説得・誘導型（中間組織）の3つに大別した。公文においては、ネットワーク組織は説得・誘導が主たる政治行為（相互制御）の組織であり、そこでは信頼関係とこれを支える互酬関係が重要であるとされる。

　他方今井・金子（1988）は、ネットワークの機能として交換関係に注目し、経

57　公文（1994：144-146）参照。
58　公文（1994：237）参照。
59　公文（1994：239）参照。
60　公文（1994：239）参照。

52

済的交換と社会的交換の概念を提示し、二つの交換システムの混在がネットワークの特徴であるとする[61]。今井・金子によれば経済的交換は明白ないし暗黙の契約が双方の負う義務を規定するが、社会的交換は双方に特定化されない義務が課せられる。社会的交換は返礼の性質は返礼者に委ねられ、直ちに返礼することはしばしば失礼とされて長期的な義務となる。また、社会的交換は強制される契約がないために信頼関係が必要となる。

　この場合、市場は参入・退出が自由な経済的交換を中心にした交換システムであり、組織は参入・退出が制限された社会的交換を中心とした交換システムとされる。両者の中間的な位置にあるネットワークは経済的交換と社会的交換が入り組んで行われるとし、「経済的交換に社会的交換が組み合わされてバランスがとられ、互酬的な関係になる」[62]と述べ、決済できない「貸し借り」の蓄積によるパワーの発生がネットワーク関係を継続させる最も強力なパワーになるとする。

　このように、社会の統治システムとして、市場と組織（ハイアラキー）の他に、中間的なシステムとしてネットワーク組織の存在が広く認識されるようになり、そのネットワーク組織においては、相互の信頼関係とこれを支える互酬関係が重要であることが明らかにされている。

表3-4　社会システムの分類図式

分類	複合主体（組織）	社会型（非主体型）システム
脅迫・強制型社会システム	国家	国際社会
取引・搾取型社会システム	企業	市場
説得・誘導型社会システム	ネットワーク組織	社会型ネットワーク

出所：公文（1994：237）の表を筆者一部修正

61　今井・金子（1988：159-163）参照。
62　今井・金子（1988：165）参照。

4 小括

　本章では、自治体間の協働である広域連携を一つの組織と捉えて、組織について学問領域別に理論的な考察を行った。各学問領域ともに時代とともに組織観が変化し、組織の捉え方が多様で内容が豊かになっていることが理解された。

　急激な近代化の進展によって、社会が進化・複雑化し、組織の大型化と多様化が進むとともに、当初は組織内部のことを問題として捉えておればよかった段階から、組織を単体でなく複数の組織が関係する組織間関係で捉えなければならない問題が増えている。

　そうした組織間の関係は、最近の研究では市場型、ハイアラキー型、ネットワーク組織型の3つが理念型として存在することが指摘されている。次章では、わが国の組織あるいは組織間関係としての広域連携がどのような類型に属するのか、そして時代の流れとともにどのように変化したのかを見てみることとする。

第 4 章　時代区分別の広域連携制度の組織特性

1　広域連携制度の経緯

1.1　戦前の広域連携制度

　広域連携の制度自体は古く、広域連携の代表的な手法である一部事務組合もその起源をたどれば、1888（明治21）年の市制・町村制に遡る[63]。町村制116条1項は「数町村ノ事務ヲ共同処分スル為メ其協議ニ依リ監督官庁ノ許可ヲ得テ其町村ノ組合ヲ設クルコトヲ得」と規定している。

　この町村組合は、明治の大合併が教育事務を市町村に委ねることが目的であったことから、明治の大合併に際し何らかの理由で合併に至らなかった町村の事務執行を補うための制度であり、小規模で財政・行政能力が不十分である町村への対応として複数の町村で事務の共同処理を行うために組合を設けることを目指したものであった[64]。

　初等教育における事務組合の経緯を文部科学省の『学制百年史』[65]と『学制百二十年史』[66]をひもとくと、まず1879（明治12）年9月に教育令が太政官布告により公布され、町村ごとに、あるいは数町村連合して公立小学校を設置す

63　事務組合は、1878年（明治11）の郡区町村編成法に遡るという見解も存在する。郡区町村編成法のもとで制定された区町村会法（明治13年）にある「数区町村連絡会」（第3条）、「水利土功ノ…集会」（第8条）をその根拠としている。佐藤（2006：224）、鄭（2013：86）参照。
64　横道（2010：2）参照。
65　文科省HP『学制百年史』（http://www.mext.go.jp/b_menu/hakusho/html/others/detail/1317552.htm、2017年9月30日閲覧）参照。
66　文科省HP『学制百二十年史』（http://www.mext.go.jp/b_menu/hakusho/html/others/detail/1318221.htm、2017年9月30日閲覧）参照。

第4章　時代区分別の広域連携制度の組織特性

べきものと定められた[67]。しかし、公教育としての初等教育の開始にあたっては西南戦争の戦費処理に端を発した経済不況により、緒についたばかりの公教育行政は停滞から後退を余儀なくされることとなった。財政危機に直面した公教育の最低水準を維持するために、教育令は再度改正されるなど試行錯誤が繰り返されることとなった[68]。

　教育令に代わる法令（勅令）として 1886（明治 19）年 4 月に第 1 次小学校令（明治 19 年 4 月 10 日勅令第 14 号）が公布され、そこでは「小学校の経費は主として生徒の授業料と寄付金によることとし、もし不足のときは区町村会の議決によって区町村費から補足することができる」と定められた。続いて 1890（明治 23）年 10 月に第 2 次小学校令（明治 23 年 10 月 7 日勅令第 215 号）が公布され、第 1 次小学校令は廃止された。これは主として前年 4 月から実施されるに至った市制・町村制およびこの年公布された府県制・郡制により、地方自治制度が確立されたことに伴って、必要な諸条項を定めたものとされる。

　小学校を設置する原則として、各市町村は学齢児童を就学させるに足る尋常小学校を設置するものと規定した。また、郡長が一町村の資力だけでは尋常小学校設置の負担に堪えることができないと認定した場合には、他の町村と学校組合を設けさせ、この組合において設置すべき尋常小学校の数と位置を定めさせることとした[69]。

　なお、この第 2 次小学校令に数日先だって地方学事通則（明治 23 年 10 月 3 日法律第 89 号）が法律の形式をもって定められている。地方学事通則は小学校令（勅令）を定めるに当たって、地方自治制度との関係等から教育に関して必要な事

67　文科省ＨＰ『学制百年史』「第一章近代教育制度の創始（明治五年～明治十八年）第二節初等教育　二教育令・改正教育令と小学校の制度」
　　（http://www.mext.go.jp/b_menu/hakusho/html/others/detail/1317588.htm、2017 年 9 月 30 日閲覧）参照。
68　文科省ＨＰ『学制百年史』「第一章近代教育制度の創始」（http://www.mext.go.jp/b_menu/hakusho/html/others/detail/1318227.htm、2017 年 9 月 30 日閲覧）参照。
69　文科省ＨＰ『学制百年史』「第二章近代教育制度の確立と整備（明治十九年～大正五）第二節初等教育―学校令の制定」
　　（http://www.mext.go.jp/b_menu/hakusho/html/others/detail/1317616.htm、2017 年 9 月 30 日閲覧）参照。

56

項を定めたものであった。地方学事通則は、町村学校組合の設置（第1条）、小学校教育事務のための学区の分画、教育事務の委託（第4条）、学務委員の設置、学校基本財産等について定めている。これらは法律である市制・町村制との関係から見て、勅令である小学校令において直接定めることが至当でない性質のものであった[70]。

このように、初等教育という国家目的の推進のために、合併に代わる手段としてスタートした広域連携であったが、その後、初等教育以外にも拡がりを見せる。

当初は相対的に財政力が弱いとされる町村だけを対象とするものであった事務組合は、その後の1911年の市制・町村制改正（明治44年4月7日法律第68号）により、町村だけでなく比較的財政能力を有する市についても設立が認められるようになった（市制第149条第1項）。横路（2006）は、この時点で「一部事務組合は（教育事務等を主目的とした）合併に代わる便法ではなく市町村の事務を共同処理するための広域連携の制度として位置付けられたとみることができる」[71]としている。

また事務委託は、先述の1890（明治23）年の地方学事通則（第44条）で「郡長ノ指定」によって行われる「児童教育事務ノ委託」が始まりとされる。施設の共同利用は、1943（昭和18）年の市制・町村制改正で導入がなされ[72]、国家の戦時体制強化の一環として整備されている。

これらの事務の共同処理のうち、戦前、最も活用されたのは事務組合（とくに一部事務組合）である[73]。

以上の経緯から分かるように、わが国の広域連携のスタートは初等教育のための町村組合にあり、初期の町村組合は公教育の推進という国家政策の執行のための組織という色彩がきわめて強い。

---

70 文科省ＨＰ『学制百年史』総説二明治憲法と教育勅語
（http://www.mext.go.jp/b_menu/hakusho/html/others/detail/1317610.htm、2017年9月30日閲覧）参照。
71 横道（2016：6）参照。
72 佐藤（2006:224）参照。
73 佐藤（2006：224-225）参照。

第4章　時代区分別の広域連携制度の組織特性

1.2　戦後の広域連携制度

戦後の民主改革の一環として、1947年に地方自治法が制定[74]され、戦後の地方自治制度が確立した。広域連携制度である事務組合と施設の共同利用は地方自治法に受け継がれた。

ただ戦前の事務組合は、府県（郡）と市町村という各レベルでのみ組織することが認められ、かつ、内務省・（官選）知事の監督下に置かれていた[75]。戦後は、両レベルの混合による設立も認められ、かつ、運営等は構成自治体と組合の自治に委ねられた[76]。都道府県と市町村が基本的に対等な自治権が認められる古典的地方分権が肯認された[77]ということである。

その後、複雑な組織を必要としない共同処理を指向する第1次神戸勧告を受ける形で、1952（昭和27）年の地方自治法の大幅改正が行われ、これによってより簡素な手法・手段である協議会、機関・職員の共同設置、事務の委託が導入された。また1956（昭和31）年に職員派遣制が導入された[78]。

1.3　高度経済成長期

広域連携の経緯を詳述した文献では、1960年前後の高度経済成長への突入以後の広域連携の発展を指摘する研究者が多い。

佐藤（2006）は、「高度経済成長への突入とそれをさらに促進・加速化させるため、1960年代に入り展開された地域（工業）開発政策による急速・急激な都

74　日本国憲法制定は、帝国憲法改正案として天皇の裁可を受けて1946年11月3日に公布されたが、地方自治法は国の統治機構の一部をなすものであるゆえに、旧制度の下で1947年4月17日に公布され、1947年5月3日に日本国憲法とともに施行された。地方自治の仕組みの骨格であった東京都制、道府県制、市制・町村制が統合されるとともに、知事以下の都道府県職員の身分が官吏から地方公務員へと変えられるなどの大きな内容の変革を伴うものであった。
75　特別区協議会資料表　図表4-2参照。
76　佐藤（2006：225）参照。
77　佐藤（2006：33）は、戦後改革と高度経済成長期の制度をとらえて、「古典的地方分権」と「新しい中央集権」という対置化を行っている。
78　佐藤（2006：233）参照。

市化は、…市町村をこえるレベルでの、日常的な地域生活課題にかかわる広域
行政を求めることになった。それは、1969 年に始まる広域市町村圏制や 1974
年に誕生した複合的一部事務組合であった。」[79] とする。

　また横道（2013）も、「1960 年以後、我が国は高度経済成長の時代に入り、農
村型社会から都市型社会への移行が進むとともに、モータリゼーションの進展
により住民の日常的な行動範囲が拡大する中で、行政サービスに対するニーズ
も増大し、高度化・広域化していった。これに対応するために、市町村は、昭
和の大合併の終了（1961 年）からまだ間がないこともあり、合併という手法で
はなく広域連携の手法で対処した。すなわち、一部事務組合を作って、ごみ・
し尿処理や常備消防などの共同処理を進めていった。」としている[80]。

　1953 年に始まる昭和の大合併が、高度経済成長による社会経済的な変動を支
える基盤づくりに貢献したことは言うまでもないが、1961 年の終了後、その役
割を託されたのが広域連携であった。

　国（当時の所管官庁は自治省）は、市町村の広域連携を広域市町村圏という形で
推進した。この広域市町村圏構想は、1969 年制定の「広域市町村圏振興整備措
置要綱」[81] に基づき進められてきたのであるが、その内容は概ね人口 10 万以上
を標準として、中心市と周辺市町村から成る圏域を広域市町村圏として設定し、
それを単位として広域連携を展開しようというものであって、国の補助金のバッ
クアップがあった。

　この広域市町村圏制度の中で、中核的な役割を担ったのが一部事務組合や協

79　佐藤（2006：233）参照。
80　横道（2013：11）参照。
81　1969 年 5 月に策定された新全国総合開発計画において、「広域生活圏」を単位とした地域開発構想
　　が提唱され、1969 年 5 月 28 日、自治省は「昭和 44 年度広域市町村圏振興整備措置要綱」を設置し、
　　翌 1970 年 4 月、同要綱を恒久化した「広域市町村圏振興整備措置要綱」（昭和 45 年 4 月 10 日自治
　　振第 53 号）を設けて、広域市町村圏施策をスタートさせた。その後要綱は改正されつつも「広域市
　　町村圏」施策は続けられるが、1977 年に設置された要綱でそれまで対象外とされていた大都市と一
　　体性を有すると認められる周辺地域を対象に広域市町村圏に準じた広域行政を推進しようとする「大
　　都市周辺地域広域行政圏」と合わせて、広域行政圏施策として一体的に推進された。その後、平成の
　　大合併によって広域行政圏は当初の役割を終えたものとして、2009 年 3 月 31 日をもって廃止（平
　　成 20 年 12 月 26 日総行応第 39 号）された。新潟県 HP 参照。
　　（http://www.pref.niigata.lg.jp/HTML_Simple/115/745/3sesaku.pdf#search=%27、2017 年 9 月
　　30 日閲覧）。

議会である。このうち一部事務組合に関連して、その前の 1963 年の地方自治法改正で、高度成長による開発重視の観点から、「地方開発事業団」という特定目的を持った組合制度が創設された。また 1974 年の地方自治法改正では、当時の一部事務組合の急激な増加傾向に対応するため、それらの整理・統合を可能とする「複合的一部事務組合」制度が創設された。また、ごみの焼却が本格化する 1960 年代後半から 1970 年代にかけては、小規模な市町村が困難なごみの焼却を担う一部事務組合が多く設立された[82]。

佐藤（2006）は、広域市町村圏制度の国の支援について、計画策定費への補助、根幹事業の経費への一部補助と経費に充てるための地方債の許可への優先配慮、事業経費の一部につき地方交付税の算定で措置をするという財政的な措置など手厚い支援があったことを述べている[83]。とくに注目すべきは、広域市町村圏の「設定開始の 1969 年から 1972 年のまでの 4 年という短期間、ほぼ全国をカバーするに至った」という事実を指摘し、その中でも圏域当りの平均人口が年々拡大する傾向を示して、「圏域設定の指導が当初は慎重に、しかし、その後は圏域設定の進捗するにつれ、残余地域をくくるようにやや強引に行われたのではな

図 4-1　現存する地方公共団体の組合の設立年代別数

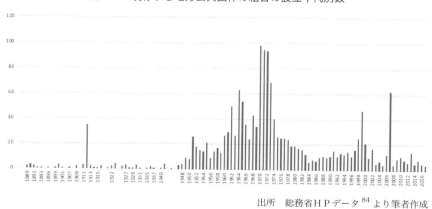

出所　総務省ＨＰデータ[84]より筆者作成

82　八木（2004：102-103）参照。
83　佐藤（2011：242）参照。

いかということをうかがわせる。」[85] と指摘している。これらのことは、図 4-1 に示す年代別の地方公共団体の組合設立数において、1970 年からの 3 年間で毎年 100 に迫る飛びぬけた数字を示していることでも明らかになっている。

広域市町村圏の事業状況については、広域市町村圏の根幹事業は、道路（その大部分は市町村道）でその執行比率は常に事業総額の 60 〜 65％を占めている。道路が地域住民の最も要望の高いものであり、国による地方交付税措置がなされている。次は環境衛生（殆どがゴミ・し尿処理）施設で各年 10％強を占めている[86]。

1.4 組合の強制設立規定

1888（明治 21）年の町村組合の制度以後、1899（明治 32）年に郡組合、1911（明治 44）年に市町村組合、1914（大正 3）年に府県組合、1943（昭和 18）年に都市町村組合、そして戦後の 1947（昭和 22）年に地方公共団体の組合と次々に事務組合の制度が作られた。

そして、町村組合誕生時において設けられていた監督官庁による設立の強制の規定は、戦後に制定された地方自治法においても受け継がれ、「公益上必要がある場合においては、都道府県知事は、政令の定めるところにより、第一項の規定による市町村及び特別区の組合を設けることができる」（地方自治法第 284 条第 4 項）とされた[87]。別表は事務組合の強制設立規定の沿革である。

84　一部事務組合等コード表（2017 年 11 月 1 日現在）（http://www.soumu.go.jp/main_content/000519044.pdf、2018 年 4 月 22 日閲覧）参照。
85　佐藤（2011：243）。
86　佐藤（2011：244）参照。
87　鄭（2013：87）参照。

第 4 章　時代区分別の広域連携制度の組織特性

表 4-2　強制設立規定の沿革

	町村組合		市町村組合	郡組合	府県組合	都府県組合（都市町村組合）	地方公共団体の組合（市町村・特別区の組合）
法律名	町村制		市制	郡制	府県制	都制	地方自治法
規定時期	明治 21 年	明治 44 年	明治 44 年	明治 32 年	大正 3 年	昭和 18 年	昭和 22 年
設立主体	監督官庁※	府県知事	府県知事	府県知事	内務大臣	内務大臣	都道府県知事
意見聴取	—	町村会	市町村会	郡参事会	府県会	都議会、府県会（市町村）	市町村議会・特別区議会（20 以上のときは都道府県議会）
議決	郡参事会	府県参事会	府県参事会	府県参事会	—		
許可	—	内務大臣	内務大臣	内務大臣	—	—	—
設立できる場合	①法律上の義務を負担するに堪ふ可き資力を有せざるとき②他の町村と合併の協議が整わないとき又は事情により合併を不便とするとき	公益上必要がある場合	公益上必要がある場合	共同処理させる必要がある場合	公益上必要がある場合	公益上必要がある場合	公益上必要がある場合

※監督官庁（町村制第 119 条）→ ①郡長 ②府県知事 ③内務大臣
出所：（公益財団法人）特別区協議会　第二次特別区制度調査会[88]

　長い歴史を持つ一部事務組合の強制設立に関する規定（地方自治法第 284 条第 4 項及び第 5 項）が廃止されたのが、1994 年の地方自治法改正（平成 6 年法律第 48 号）である。この改正では、新たな広域行政機構として広域連合の規定と、法令上

88　第二次特別区制度調査会第 9 回（2006 年 11 月 6 日開催）資料 3-1
　（https://www.tokyo-23city.or.jp/research/chousakai2/document/b9-S3-1.pdf、2018 年 4 月 20 日閲覧）。

に新しい見出し「組合の種類及び設置」が設けられた。そして、一部事務組合の強制設立に関する規定に代わり、一部事務組合と広域連合の設置の勧告規定（地方自治法第285条の2）が新設された[89]。

1.5 地方分権期

地方分権期に入り、国（総務省[90]）は、平成の大合併の進捗によって、従来の広域市町村圏を中心とする施策は当初の役割を終えたものとして、2008年に従来の広域市町村圏関連の要綱をすべて廃止するとともに新たに「定住自立圏構想推進要綱」[91]を打ち出し、以後は、同要綱に基づき基礎自治体の広域連携を進めていく方針を明らかにした。

広域市町村圏と定住自立圏の性格や内容の違いは何か。横路（2013）によれば、広域市町村圏は、国主導の全国画一的な圏域政策であった。国が要綱を策定して、全国の都道府県知事に対して一定の基準で全国的に圏域を設定させ、そのすべての圏域で市町村に対して広域行政機構を作らせ、広域計画を策定させて広域連携を実施させようとしたものであった[92]。また、その広域行政機構としては、新たに別法人を設置する強力な事務の共同処理の制度である複合的一部事務組合や広域連合が望ましいとされた。

一方、広域市町村圏に対して、定住自立圏は同じく国が要綱を定めて推進するものであるが、はるかに分権的かつ柔軟なものとなっている。圏域の設定は、それを設けるか否かも含めて中心市と周辺市町村のイニシアチブに任せられており、広域行政機構の設置は予定されておらず、広域連携の事業実施は、別法

---

89 なお、後期高齢者医療広域連合が一般法である地方自治法ではなく、個別法を根拠に広域連合の強制設立がなされた事例である、として特別区の審議会で議論されている。(https://www.tokyo-23city.or.jp/research/chousakai2/document/b9-S3-2.pdf,https://www.tokyo23city.or.jp/research/chousakai2/document/kaigirokub9.pdf、2018年4月20日閲覧）参照。
90 2001年1月6日、中央省庁が再編され、自治省、総務庁、郵政省が統合されて総務省が設置された。
91 「定住自立圏構想推進要綱」（平成20年12月26日総行応第39号）参照。
92 横道（2013：11）、「広域市町村圏振興整備措置要綱」（昭和45年4月10日自治振第53号）参照。

63

第 4 章　時代区分別の広域連携制度の組織特性

人を設置する組合方式（一部事務組合、広域連合）ではなく、別法人を設置しない機関等の共同設置や事務の委託等のより簡便な方式が想定されている[93]。

なお、最近の広域連携に関わる法改正で注目すべきは、2012 年の地方自治法改正において、一部事務組合、協議会及び機関等の共同設置について脱退の手続が簡素化されたことである。従来は脱退には規約の変更が必要であったため、すべての構成団体の同意がなければ脱退することができなかったが、本改正により、脱退したい市町村は 2 年前に予告することにより脱退することができるようになった（地方自治法 252 条の 6 の 2、252 条の 7 の 2、286 条の 2）[94]。脱退手続きを簡素化することで、設立へのハードルを下げる狙いを持っている。

このように、地方分権期の広域連携は、国の影響から離れて、自治体が自主的・自発的に協働を行う制度としての広域連携制度が整備されている。その典型が広域連携制度を利用して設立された関西広域連合であり、国の権限移譲の受け皿を目指している。

2　広域連携の組織特性

2.1　社会的行為の 4 分類

社会学の大家であるマックス・ウェーバー（Weber,M.）は、社会的行為（social action）を「単数または複数の行為者の考えている意味が他の人々の行動と関係を持ち、その過程がこれに左右される行為」[95]と定義し、次の 4 つの種類に区

93　横道（2013：11）、「定住自立圏構想推進要綱」（平成 20 年 12 月 26 日総行応第 39 号）参照。
94　広域連携にかかる手続は、全ての構成団体の議会の議決を経た協議によることが原則であるが、地方自治法の改正 (平成 25 年 3 月施行) により、協議会、機関等の共同設置、一部事務組合からの脱退については、2 年間の予告期間を置くことで脱退を意図する地方公共団体の意思のみにより脱退できることになった (第 252 条の 6 の 2、第 252 条の 7 の 2、第 286 条の 2)。脱退の予告は、脱退しようとする地方公共団体が、その議会の議決を経て、脱退する日の 2 年前までに他のすべての構成団体に書面で予告することが必要となる。脱退予告を受けた構成団体は、予告団体が脱退するときまでに脱退により必要となる規約の変更をする必要がある。なお、連携協約、事務の委託、事務の代替執行、広域連合はこの特例の対象から除外されている。
95　Weber（1922：8）参照。

別できるとした。①目的合理的行為（経済学でいうところの「効用の最大化」のための行動）、②価値合理的行為（自らの信念、価値観、義務感、使命感、宗教観などに基づく行為）、③感情的行為（愛情、とくに情緒的な好き嫌いや他人への共感などの感情に基づく行為）、④伝統的行為（身に着いた習慣による行為）の4種類であり[96]、現実の行為は、これらのひとつの方向だけを持つ行為は非常に稀であるとし、多くの場合、それらの混合物であるとしている[97]。

　中野（2011）は、マックス・ウェーバーの社会的行為の理論（social action theory）（Weber,1968）を解説するにあたって、個人の社会的行為（social action）のための意思決定の判断基準として上記の4種類を挙げつつ、④伝統的行為については、伝統的な習慣や文化的に「すり込まれた」規範的な考え方に従うことを合理的な判断の基準とした「習慣化された行為（traditional action; ingrained habituation）」だとする。そして、ウェーバーが個人の社会的な行為に関して挙げたこの4つの類型は「理念型（ideal type）」と呼ばれるものであるが、現実の個人の行為の意思決定の判断は、これらの異なる合理性を混ぜ合わせたものであると説明している[98]。

　ウェーバーの示唆するところは、社会的行為には目的合理性以外の判断基準が存在し、社会との関わりの中での規範的な制約があることである。それはグラノヴェター（Granovetter,1973）の指摘する「埋め込まれた (embedded) 関係」やウズィー（Uzzi,1996）の「埋め込まれた紐帯」にもつながる考え方といえよう。

　これらの考え方は、自治体の広域連携の設立・維持・発展にも重要な示唆を与える。自治体の広域連携は、ただ単に目的合理的行為（経済学でいうところの「効用の最大化」のための行動）＝規模の利益による効率性追求だけではなく、他の自治体等との関係性の中で一定の規範的制約の存在を仮定することができる。

2.2　設立動機による分類

96　Weber（1922：39）参照。
97　Weber（1922：40）参照。
98　中野（2011：23-25）参照。

第4章　時代区分別の広域連携制度の組織特性

　各自治体が広域連携を始めようとする動機は何であろうか。まずは当該自治体において事務の共同化が必要な経済的物理的な事由、例えば事務処理に過大な規模の施設や体制が必要であるなどが考えられる。この自己利益の追求を目的とする設立動機は経済合理性に基づくいわゆる効用の最大化であろう。

　また広域連携の設立は、国の政策の中での自治体への圧力であったり、補助金などの誘導が動機になる場合がある。この設立動機は、国等の上位組織からの圧力・誘導である。

　そして、自己利益よりも共同化じたいの価値や利益（共同利益）を優先するケース、例えば共同先の自治体との付き合いや誼であるとか、信頼関係のような伝統的、規範的な関係が動機になりうる場合がある[99]。もっとも現実の広域連携は、これらの動機が複合的に合わさって決定されるものと考えられる。

2.3　時代区分と設立動機

　時代区分を戦前、戦後、高度経済成長期、地方分権時代に4区分し、それぞれの時代を代表する広域連携の特性を設立動機から見てみよう。

　戦前の広域連携は、特に明治初期の教育行政という国の行政を補完させる制度として機能した。小規模な市町村に初等教育を所管させるための制度として町村組合が設立された[100]。この設立には、国等の上位組織からの圧力・誘導が中心の動機となっている。

　戦後改革期の広域連携は、地方自治法の一部事務組合等によって推進されるが、その機能として予定されたものは自治体間の役割分担と相互補完であった。そこでは国の圧力・誘導は減少し、自治体は自己利益を中心にして広域連携を考えればよい状況であった。ただし、成立数は比較的少数で、制度上も戦前の名残りや影響が残された。

　高度経済成長期の広域連携は、国庫補助と組み合わされて国の政策に合致す

99　ウェーバーの「習慣化された行為」に該ると考えられる。
100　鄭（2013:86）参照。

る方向で利用された。代表的なものが広域市町村圏制度における一部事務組合
である。とくに高度経済成長期に増加し続ける廃棄物処理のため、焼却処分方
針を打ち出した国の補助金などによる誘導で一部事務組合の設立が相次いだ[101]。
この時期の設立動機は、自治体の自己利益の追求もあるが上位組織からの圧力・
誘導が大きな影響を持っている。

　地方分権期の広域連携は、国と地方が独立・対等の関係とされたことによって、
設立動機においても、国等の上位組織からの圧力・誘導が縮小して、自治体の
自主性・自律性が高まる。関西広域連合は、地方分権改革の流れを受けて、国
からの距離を保ちながら、自治体の自由意志に基づいた設立の例である。しかし、
各自治体が自己利益ばかり追求していては、連携が成立・維持できない。そこ
で国の影響が低下した分、広域連携の設立や統制（ガバナンス）はメンバーの共
同利益を重視する傾向が高まっていく。

3　小括

　この社会学で示される概念である社会的行為、あるいは社会システムを、自
治体間の連携組織の成立・維持・発展の関係と捉えて、広域連携（理念型）が示
す組織の型を年代別の広域連携の特性をふまえて分類してみよう。

　戦前の一部事務組合は、国益を考えた上位組織からの圧力・誘導に基づくも
ので、国の機能補完の性格が強く、ハイアラキー型の広域連携と考えられる。

　戦後改革時の広域連携は、自治体間の役割分担と相互補完に基づくもので、
各々の自治体の利益を追求したものと考えられ、市場型の広域連携として捉え
られる。

　高度経済成長期の広域連携は、国の強い影響下[102]に成立するものであるが、

101　八木（2004：102-103）参照。
102　佐藤（2006）は高度経済成長期の広域連携制度を「新しい中央集権」と形容する。佐藤（2006:33）
　　参照。

第4章　時代区分別の広域連携制度の組織特性

国と地方の双方に利益となる効率優先の考え方に基づくもので、準ハイアラキー型の広域連携と位置付けられる。

　では、現代の地方分権期の広域連携はどう考えればよいか。地方分権期には国の影響力は弱まることによって、国の圧力・誘導よりも構成団体の意思決定の比重が高まる。この際に構成団体はそれぞれに自己利益を追求するだけでは連携が成立せず、必然的に共同利益を志向せざるをえなくなる。そこで成立する組織間関係は、各団体が自己利益を追求する取引的な利害得失に基づく関係でなく、信頼と互酬性に基づく相互の長期的な利害均衡や一時的な片務関係が重要なネットワーク型の広域連携と捉えられる（表4-3）。

　次章以下で、現代（地方分権期）の廃棄物行政の広域連携を例にして、その成立・維持・存続危機・発展の各事例を分析することによって、ネットワーク型のシステムとなっているのか否か、その内容や課題を明らかにしてみたい。

表4-3　時代区分による広域連携（理念型）の分類

時代区分	組織特性	目的利益	設立動機	関係性
戦前	ハイアラキー型	国益	圧力と誘導 （政策推進）	階層性
戦後改革期	市場型	自己利益	取引的な利害得失	対価関係
高度成長期	準ハイアラキー型	国益 自己利益	圧力と誘導 （効率重視）	準階層性
地方分権期	ネットワーク型	共同利益	信頼と互酬性	長期的な利害均衡や 一時的な片務関係

出所：筆者作成

第5章　廃棄物行政における基本原則

1　わが国の廃棄物処理の歴史

1.1　江戸時代の廃棄物処理

1.1.1　リサイクル都市・江戸

　江戸時代はリサイクルが発達していた社会であったと言われる[103]。江戸で集められた糞尿は近郊の農家が有価で引き取り肥料として使用されたし、また使い古した藁草履は肥料の原料にするなど、ごみの排出が少なかった。

　江戸時代に盗難が発生すると「八品商」[104]と呼ばれる登録業者に奉行所から手配書が回るシステムが作られていた。八品商とは、質屋、古着屋、古着買い、古道具屋、古道具買い、古鉄屋、古鉄買い、唐物屋である。つまり、現代に言うリサイクルの流通システムがきちんと構築されていたわけである。

　とくに、古着屋は柳原土手[105]が有名で、古着屋台が延々と並び、関東諸国から、買い手・売り手が集まり浮世絵にも描かれている。衣類は繰り返し使うのが当たり前で、古着屋で買ったものを何度も継ぎはぎをして仕立て直しては使い、さらに限界にきたものは子供用にしたり、雑巾にし、最後は焚き付けに使う。

103　小島理沙（2016：20）参照。
104　コトバンク「八品商」参照。
　　（https://kotobank.jp/word/%E5%85%AB%E5%93%81%E5%95%86-1393109 、2017 年 9 月 30
　　日閲覧）。
105　小林信也「江戸をよむ、東京をあるく」参照。
　　（http://skumbro.cocolog-nifty.com/edo/2009/06/post-da9a.html、2017 年 9 月 30 日閲覧）。

第 5 章　廃棄物行政における基本原則

残った灰も無駄にせず、肥料に使ったりした。「腰巻が頭巾に化ける柳原」[106] は
当時の川柳である。

　落語にも登場するが鍋・釜の修理をする鋳掛屋、キセルの胴体部を取り換え
る羅宇屋、割れた茶碗を白玉砂などで焼き継ぐ「焼き継ぎ屋」、そして進物品な
どの余り物を引き取り再度、流通させる「献残屋」などの修理・リユース・リ
サイクルに従事する業者の多様さは、江戸社会がゼロ・エミッションに近い都
市システムを構築していたことを物語る。

1.1.2　江戸の廃棄物処理

　前節で江戸がゼロ・エミッションに「近い」と記述したのは、廃棄物がまっ
たく出なかったというわけではないからである。江戸の町々でのごみ処理は、
はじめは屋敷内に埋める、空き地に捨てる、川や堀に投棄するという形で行わ
れた。慶安の時代には各町が火除けのための「会所地」と呼ばれる空き地を持っ
ていて、これをごみ投棄場などに使用していたが、付近住民が悪臭や害虫にな
やまされたと言われる。

　環境省の白書[107] によれば、そこで、当時の町奉行所が「町触」（慶安 2 年、1649 年）
を出し、会所地に投棄することを禁じている。また明暦元年の触書（1655 年）で
深川永代浦（江東区の富岡八幡宮あたり）をごみ投棄場に指定し、のちに幕府の許
可を得た処理業者「浮芥定浚組合」がごみ捨て船でこの永代島にごみ捨てをす
る制度もできた。これを皮切りに江戸湾にごみ投棄による埋め立てが行われ、ごみ
の収集・運搬という仕事がうまれた。江戸期の埋め立て地だけでも 10 か所を数える。

　ごみは長屋の裏などに設けられた共同のごみ溜め場に集められ、そこから
「大芥留」が町ごとに設けられていて一旦貯留し、船着き場のごみ溜めから事業
者によって搬出された。これらの費用は町の共益費で賄われた[108]。

---

106 「江戸のリサイクル」参照。
　（http://ameblo.jp/1480sn/entry-11711054563.html、2017 年 9 月 30 日閲覧）。
107 環境省（2001）「歴史的に見た我が国の廃棄物問題とリサイクルの取組（江戸期を中心に）」『平
　成 13 年度循環型社会白書』序章第 1 節を参照。
108 山本耕平「廃棄物処理の歴史・法制史」参照。(http://www2u.biglobe.ne.jp/~kouhei-y/
　haikibutunorekisi-houseisi.htm 、2017 年 9 月 30 日閲覧）。

このように江戸の町で廃棄物が問題となった段階で、大商人などの町役人を核とした町が、自らその管理・処理のルール化を担っている。長屋のごみ捨て場からいくつかの貯留場を経て、業者によって収集・運搬・処分される間も、きちんとルールが徹底されていないと混乱と不衛生、そして周辺住民への迷惑など混乱が生じるからである。

もちろん、処分場の指定など種々の町触による当時の行政である幕府の決定によるところが大きいが、先述の白書でも「このような政策は、その実施にあたって住民の生活に適合するように調整され、町奉行は法令を出す際に、その可否を町に問い合わせてからおこなうこともあった」と記述している。町が住民にルールを守らせる仕組みが無ければ成立しないシステムである。

廃棄物の問題は歴史から理解されるように、元来個々人の行動選択によるのであるが、衛生上の理由等によって、その適正化のルール・規範づけが必要とされる。ただ日常生活に密接に関わることであるので、法令による罰則や行政による指導が行われる前に、近隣のコミュニティー内での解決が望まれる。また実際の事例の多さや処理の多様性を考えた時に、最も有効に機能するのは、やはり近隣のコミュニティーの場であろう。

その意味で廃棄物処理は隣保（地域コミュニティー）に始まる。身近なごみ問題の解決は「住民自治」の学校だと言える。江戸期の江戸で、糞尿が日常的に路上に放棄され悪臭と汚物にまみれた都市をもつ西欧諸国[109]と比べて廃棄物が大きな社会問題にならなかったのは、住民自治が一定の成立を見ていたことの証左でもある。その意味で、廃棄物処理の方法を決めて実行する過程は、地方自治のプロトタイプ（原型）と言えよう。

1.2　汚物掃除法と市の事務

日本は、対外国への開国後に伝染病が持ち込まれることになり、ごみ・し尿

109　石 (1997：1-3) 参照。

第5章　廃棄物行政における基本原則

の処理が公衆衛生の見地から取り上げられることとなった。それが1900年の「汚物掃除法」（明治33年3月7日法律第31号）である。

　先に述べたとおり、明治時代よりも前はごみの収集・運搬は自治体というより、民間業者やその協同組織が担ってきていた。わが国初の廃棄物処理法というべきこの汚物掃除法によって、廃棄物（当時は「汚物」）の処理は行政（市）の事務とされた。汚物掃除法は、汚物を「塵芥汚泥汚水及屎尿」と定め、法律の施行範囲は、市制を施行している都市部を原則とするが、町村部にも必要に応じて準用された。汚物掃除法第1条は、土地の所有者・占有者に清掃の義務（汚物ヲ掃除シ清潔ヲ保持スルノ義務）を定めるとともに、義務者のいない区域内の清掃の義務を市に課した。これがやがて廃棄物処理を市町村の固有事務とする根拠となる。同法は1954年の清掃法の施行まで適用された。

　なお、汚物掃除法施行規則では「塵芥はなるべくこれを焼却すべし」と規定し、ごみの焼却を市（町村）の事務として位置づけた。ただ、当時は技術的にも費用的にも焼却炉の設置は難しく、一部地域では露天焼却つまり野焼きが行われていた。

1.3　清掃法と国の関与

　4年間にわたる第二次大戦の終結において日本は無条件降伏を受け入れるが、戦後の混乱の中で市町村のごみ処理が本格的に再開される。復興にともない増大するごみに対応するため、焼却施設の整備が進められるが、当然のことながら当時は焼却施設などごみ処理施設に対する国の補助は無かった。地方自治法は廃棄物処理を自治事務として位置づけており、焼却施設の建設費は基本的に自主財源（起債など）で対応せざるを得なかった。

　溝入（1988）[110]によると、この時期自治体は清掃事業への国の関与を要求するとともに、国庫補助を求めており、都市清掃協会（社団法人全国都市清掃会

110　溝入（1988：328-334）参照。

議の前身）などを通じ国に陳情活動を展開していた。その活動が結実したのが、1954年の「清掃法」（昭和29年4月22日法律第72号）の成立であった。

　清掃法第2条に国に汚物処理にかかる科学技術の向上を図ることなどの義務が付されたほか、第18条に限定的であるが国庫補助条項が設けられた。また清掃法は、ごみの収集・処分を以前は原則として「市」の仕事としていたものを全ての「市町村」の仕事とした。その後、汚染者負担の原則のもと、産業廃棄物の処理体系（基本的に都道府県の所管とされる）を加えて、1970年には「廃棄物の処理および清掃に関する法律」（昭和45年12月25日法律第137号。通常「廃棄物処理法」または「廃掃法」と略される）に改正されたが、廃棄物（産業廃棄物を除いた一般廃棄物）にかかる市町村の責務は維持されている。このように廃棄物（同上）の処理は一貫して基礎的自治体である市町村の責務であり、自治事務の典型であることがわかる。またそれはごみ処理の地域共同体との密接な関係からきわめて自然な成り行きであったといえる。

2　現在の廃棄物処理の体系

　現在廃棄物は、「産業廃棄物」と「一般廃棄物」の大きく2つに分けられている。このうち産業廃棄物は、事業活動に伴って生じた廃棄物のうち、廃棄物処理法で定められた燃え殻、汚泥、廃油、廃酸、廃アルカリ、廃プラスチック類その他政令で指定する廃棄物20種類と輸入された廃棄物を言い、その処理責任は排出事業者に課せられている。産業廃棄物以外の廃棄物を一般廃棄物といい、その処理は廃棄物処理法の定めるところによって市町村の責務となっている。なお、事業系の一般廃棄物は事業者にも処理責任がある。

　産業廃棄物の処理は、都道府県知事の許可[111]を受けた産業廃棄物処理業者に処理をさせなければならず、その点で不法投棄（無許可業者の処分）を含めて都

111　政令指定市・中核市は、特例によって知事の許可に代わって市長の許可が必要とされる。

第 5 章　廃棄物行政における基本原則

道府県の責任がある。これに対して一般廃棄物は市町村に処理責任があるため、後述の中間処理場、最終処分先が区域内であるか否かが一定の議論になるが、産業廃棄物は域外処理の制約がない。

　廃棄物の処理過程としては、一般に収集運搬、中間処理と最終処分に分けられる[112]。収集運搬とは、廃棄物をその性状を変えることなく中間処理施設や最終処分場へ運ぶことである。中間処理とは、廃棄物を減量・減容化、安定化、無害化、資源化することであり、具体的には廃棄物の性状に応じて焼却、破砕・選別、圧縮・成形、中和、脱水などをすることである。最終処分とは、廃棄物を埋立処分や海洋投入によって最終的に処分することをいう。このうち埋立処分は、廃棄物の環境への無用な拡散や流出を避けるために、陸上や水面の限られた場所を区切って貯留構造物を造成し、廃棄物を埋立貯留して年月をかけて自然に戻そうとするもので、遮断型、安定型、管理型の 3 つに分類される[113]。

　最終処分場は、廃棄物処理法によって遮断型最終処分場、安定型最終処分場および管理型最終処分場の 3 つに分類され、各々の処分場に埋立処分できる産業廃棄物と最終処分場の構造基準・維持管理基準が定められている。

　遮断型最終処分場に埋立処分される廃棄物は、有害な燃え殻、ばいじん、汚泥、鉱さいなどで、環境省令で定める判定基準に適合しない廃棄物処理法施行令第 6 条第 1 項第 3 号ハ (1) 〜 (5) に掲げる廃棄物（有害な産業廃棄物）および第 6 条の 5 第 1 項第 3 号イ (1) 〜 (6) に掲げる廃棄物（有害な特別管理産業廃棄物）である。遮断型最終処分場には、廃棄物中の有害物質を自然から隔離するために、処分場内への雨水流入防止を目的として、覆い（屋根等）や雨水排除施設（開渠）が設けられている。

　安定型最終処分場には、有害物質や有機物等が付着しておらず、雨水等にさらされてもほとんど変化しない安定型産業廃棄物（廃プラスチック類、ゴムくず、金属くず、ガラスくず・コンクリートくず・陶磁器くず、がれき類のいわゆる

112　公益財団法人日本産業廃棄物処理振興センター HP「用語集」参照。（http://www.jwnet.or.jp/waste/terms/yougo_shori.html、2017 年 10 月 3 日閲覧）。
113　フェニックス事業は産業廃棄物の埋立処分も行うことから、ここでは産廃処分場の例を示す。以下は上記「用語集」参照。

安定5品目およびこれらに準ずるものとして環境大臣が指定した品目（廃棄物処理法施行令第6条第1項第3号イ(1)～(6)）が埋立処分される（廃棄物処理法施行令第7条第14号ロ）。なお安定型産業廃棄物は、有害物質を含まず分解しない産業廃棄物であり、メタンなどのガスや汚水が発生せず周辺環境を汚染しないとして、処分場の内部と外部を遮断する遮水工や、浸透水（最終処分場内に浸透した地表水）の集排水施設とその処理施設の設置は義務付けられていない。

　管理型最終処分場には、上記の判定基準によって遮断型最終処分場でしか処分できない廃棄物以外のものが埋立処分される。具体的には、廃油（タールピッチ類に限る）、紙くず、木くず、繊維くず、動植物性残さ、動物のふん尿、動物の死体および燃え殻、ばいじん、汚泥、鉱さい等およびその廃棄物を処分するために処理したもの（廃棄物処理法施行令第2条第13号）である（廃棄物処理法施行令第7条第14号ハ）。

表 5-1　廃棄物の処理及び清掃に関する法律、同施行令 (抜粋) の枠組み

廃棄物〔法第2条第1項〕	産業廃棄物〔法第2条第4項〕 (事業活動に伴って生じた廃棄物であって廃掃法で定められた20種類の廃棄物	通常の産業廃棄物
		特別管理産業廃棄物〔法第2条第5項〕(爆発性、毒性、感染性のある産業廃棄物)
	一般廃棄物〔法第2条第2項〕	家庭系一般廃棄物（一般家庭の日常生活に伴って生じた廃棄物
		事業系一般廃棄物（事業活動に伴って生じた廃棄物のうち産業廃棄物以外のもの）
		特別管理一般廃棄物〔法第2条第3項〕(揮発性、毒性、感染性　のある一般廃棄物)

出所：『豊能町廃棄物の埋立処理等に関する調査報告書 (答申)』[114]p.30 の表を筆者一部修正。

　管理型最終処分場では、埋立廃棄物中の有機物等の分解や金属等の溶出に伴

114　豊能町廃棄物の埋立処理等に関する調査委員会『豊能町廃棄物の埋立処理等に関する調査報告書（答申）』(2017 年 3 月 28 日) p.30 を参照。

い、汚濁物質を含む保有水等（埋め立てられた廃棄物が保有する水分および最終処分場内に浸透した地表水）やガスが発生する。そのため、最終処分場内部と外部を貯留構造物や二重構造の遮水工によって遮断して、保有水等による地下水汚染を防止するとともに、発生した保有水等を集排水管で集水し、浸出液（最終処分場の外に排出される保有水等）処理施設で処理後に放流する。また、発生したガスは、ガス抜き施設によって、埋立廃棄物層から排出する。

3　廃棄物処理の基本原則—自区内処理と広域処理

3.1　ごみ戦争と自区内処理原則

3.1.1　東京の発展と廃棄物処理

　廃棄物は、人類が共同生活を営む上での根源的なリスクであり重要な課題である。先に述べたように、かつて江戸時代の人々は資源（大半が植物由来）を大切に活用し、資源を最大限に再利用していたので、当時の江戸はリサイクル都市の模範と言われている。当時世界的にも有数の大都市であった江戸は、同時代のロンドン、パリと比べても格段に清潔で衛生的な街であった。

　しかし明治時代になって首都に昇格した東京には、人口と産業が集中するとともに、生活の近代化が進んで排出する廃棄物の量も飛躍的に増大し、リサイクル可能な範囲を大幅に超えてしまう。必然的に行政が埋め立てや焼却を行うことになった。

　その東京で1970年代に、ごみ戦争と言われる特別区の間での紛争が起こった。この事件は廃棄物処理が都市の深刻な課題となったことを示すと同時に、表舞台で華々しい成長を遂げる高度成長期の都市の裏側にある「負」の部分を象徴する事件でもあった。このごみ戦争の紛争収束の過程において、ゴミ（一般廃棄物）処理における「自区内処理原則」が登場し、問題収拾のための論理として使われた。

3.1.2　自区内処理の用語の登場

「自区内処理」の言葉は 1971 年の東京都の「ごみ戦争」で発生した用語と考えられている。「自区内処理」という言葉であるが、「区域」でなく「区」という語が使用されている点に注目する必要がある。

その発生時期を見れば、わが国の代表的な新聞の記事中で最初に登場するのが読売新聞の 1971 年 10 月 12 日朝刊 13 面（都民版）の頁である。見出しは「江東の質問状　十七区が回答　『自区内処理』に大半賛成」となっている。後述するが、江東区が求めた各特別区での自区内での廃棄物処理をすべき原則に関する公開質問状への回答である。ここで『』付きで自区内処理の用語が登場する。

3.1.3　ごみ戦争

「ごみ戦争」は、「東京特別区のごみの最終処分場として長年にわたって悪臭、交通渋滞、事故、大気汚染などで苦しんできた江東区の怒りの爆発」[115] であったといわれる。1971 年に江東区（「夢の島」[116] を区域にもつ）は、東京都および他の 22 区に対して公開質問状を提出する。その中で、江東区が提示し、これに対する見解を求めたのが、「自区内処理」という原則である。そしてついに江東区は 1971 年・1972 年の 2 回にわたり杉並区からのごみ搬入実力阻止を実施した。その背景には杉並区内の清掃工場の建設が近隣住民の反対で遅れた経緯があった。

1971 年 9 月に当時の美濃部知事は、「迫りくるごみの危機は都民の生活を脅かすものである」として「ごみ戦争」[117] を宣言し、江東区長が提唱した自区内処理の原則の要求に応える約束し、都民集会を開催、都民との合意形成に乗り出した。

鄭（2014 a）は、当時の江東区議会議長米沢正勝氏を自区内処理の原則という

115　鄭（2014 a：36）。
116　東京都は 1952 年からごみ処分場として夢の島に埋立てを開始している。
117　東京二十三区清掃一部事務組合 HP 参照。
　　（http://www.union.tokyo23-seisou.lg.jp/shiro/nakattara/03.html、2017 年 9 月 30 日閲覧）。

第5章　廃棄物行政における基本原則

造語の当事者と紹介ししつつ、「自区内処理の原則は、迷惑の公平な負担の原則であり、23区のごみの終末処理を江東区のみに押し付けている不合理を解消する必要から求めてきたもの」[118] との証言を引用している。

全国市長会が行った調査報告書でも、「自区内処理原則という言葉は、もともと昭和40年代後半に、東京都のいわゆるゴミ戦争を収拾する方策を検討するなかで編み出された造語であり、中間処理（焼却処分）およびその施設の建設に伴う負担を文字どおり23「区」の間で公平に分担し、そのために、各区が相応に焼却施設などの建設を受け入れていくべきである、という方針を意味するものであった」[119] と述べられている。

このように「自区内処理」は、自己エリア内での自裁という地方自治の原則的なルールに立脚しながら、応分の負担としての焼却施設の立地というそれぞれの責務を確認したものと考えられ、一定の規範的な要素を持ち始めた。ごみ戦争以後、東京都が23区すべての区での焼却施設の計画を立案したことでこの問題の決着が図られたことでもそれが明らかである。

3.1.4　ごみ戦争時の自区内処理原則の射程

廃棄物の焼却処分はそれで完結するわけではない。ごみは焼却することで減量、安定化が図られるものの焼却灰の最終処分地が必要となる。

ごみ戦争の起こった時代は焼却施設が不足しており、一定量は生ごみのまま埋立処分が行われた。当然、運搬過程も含め、腐敗等による悪臭・害虫などの問題が発生し、そのことも江東区民の重大な不満の要素となっていた。

いずれにしろ、焼却処分は廃棄物の「中間処理」という位置づけで、最終的には焼却灰やばいじんその他残渣の処分（「最終処分」）が必要であり、一般には埋立処分が行われる。埋立は、陸上処分として山間部での埋立、また海上処分

118　鄭（2014a：37）。
119　全国市長会（1998.3）『都市と廃棄物管理に関する調査研究報告−廃棄物に関する都市政策研究会平成9年度報告−』「第2章 都市自治体の廃棄物管理をめぐる主要課題1.「自区内処理」の原則と広域処理のあり方（1）「自区内処理」原則の原意」から抜粋。
（http://www.mayors.or.jp/opinion/teigen/haikibutu/02syou.html#2、2017.9.30閲覧）。

として海面埋立が行われる。東京都の場合、23 区以外は当該地の山間部で陸上埋立を行い、23 区は一貫して海面埋立を江東区内で行っている。

　このことに関して、ごみ戦争の際の江東区の主張も、各々の区における焼却施設の整備を促進しているだけで、「最終処分場」まで各区が確保すべきであるという主張はしていない [120]。つまり、用語が発生した当初のごみ戦争時の自区内処理原則は、処理過程すべてを市区町村内で行うという意味のものではなかった。

3.1.5　ダイオキシン汚染問題による自区内処理をめぐる環境変化

　ごみ戦争を経て自区内処理原則が一定の規範的な言葉として定着を見た東京都においても、新たな局面が生じた。ダイオキシン対応による焼却施設の大規模化の要請である。

　1997 年に大阪府にある「豊能郡美化センター」（豊能町と能勢町の共同設置）において焼却炉周辺土壌のダイオキシン汚染問題が起こった。これを受けて、厚生省は 1997 年 1 月の「ごみ処理に係るダイオキシン類発生防止等ガイドライン」に続き、同 5 月都道府県に対し「ごみ処理の広域化について」（平成 9 年 5 月 28 日衛環 173 号）を通達した。これはダイオキシンが発生しにくい高温焼却をするために、焼却炉の規模の大型化や連続運転化ができるようにするものであった。これにより、小型焼却炉で自区内処理の実現を目指していた市町村は厳しい局面を迎えた [121]。

　東京都の場合、各区ごとの焼却施設では規模の面で合わなくなり、1998 年特別区長会で 2005 年までと定めていた共同処理を継続することとした。さらに、2003 年の特別区長会総会で新規工場建設不要の決断をおこなうに至り、ついに事実上、自区内処理の看板を下ろすに至った。

120　鄭（2014 a:37）参照。
121　鄭（2014 a:39）参照。

第 5 章　廃棄物行政における基本原則

3.2　自区内処理原則の展開

3.2.1　地方自治法、廃棄物処理法の規定の解釈

　自区内処理原則の法的位置づけを明確化しておこう。地方自治法第 2 条は地方の事務を自治事務と法定受託事務に限定する。そして、廃棄物処理法等の規定を勘案して一般廃棄物（産業廃棄物を除く）の処理は、地方公共団体の自治事務と解される。もっとも一般廃棄物の処理が、自治事務たる「地域における事務」だとしても、その処理行為を区域内で完結しなければならないと拘束しているわけではない。

　また廃棄物処理法では、市町村に一般廃棄物を処理する義務が課せられている。ただし市町村が「収集し、これを運搬し、及び処分」することを定めるが、「処分」の具体的内容は明らかでなく、処分が中間処理から最終処分までを含むとしても、処理行為の全てを区域内に限定する文言は見当たらない。

　ただ廃棄物処理法第 6 条第 3 項で「当該市町村の区域内の一般廃棄物の処理に関し関係を有する他の市町村の一般廃棄物処理計画と調和を保つよう努めなければならない」と定めているので、他の市町村での処理を当該市町村への断りなく行うことは回避すべきと解釈される。この規定をもって一般廃棄物について「自区内処理原則」を限定的に定めたものと解釈することは一応はできよう。ただ、本規定が努力規定に過ぎず、現実には本規定が次項に示すように、一般廃棄物の区域外処理にあたっての搬出側、搬入側の相互の市町村の協議の根拠となっているくらいが実情である。

3.2.2　運用上の処理

　一般廃棄物を区域外で処理する場合、処分先の市町村の同意が求められる運用がなされている。例えば隣接市町村の焼却施設で処理を依頼する場合は、地方自治法上の委託ないし民法上の委託がなされるので当然であるが、例えば民間の埋立処分場が焼却灰の最終処分を請負う場合も当該処分場が属する市町村

の同意が必要とされる。同意を求める運用は要綱でなされることが通常であるが、要綱の根拠として廃棄物処理法の第6条第3項の関係を有する他の市町村の一般廃棄物処理計画と調和の努力義務があげられている[122]。ただ、当該運用も、結局は要綱を根拠にしているように、自区内処理原則が法的に認知されているとは言い難い。

ちなみに一般廃棄物の広域処理受入れを精力的に行う北九州市の見解も以下のとおりの見解を取っている[123]。

廃棄物の処理及び清掃に関する法律は、地方自治法に規定する「市町村の事務処理に際し、地域における総合的・計画的な行政運営を図るために定める基本構想」に即して、「一般廃棄物処理計画を定め、計画に従って一般廃棄物の処理を行わなければならない」と規定している。しかし、具体的な処理方法までの規定はなく、「どこで・どのように適正に処理」するのかについては、当該自治体が策定した計画にしたがって適正に処理されていることを最後まで確認する責任を負っているのみであって、区域内で処理を完結することを義務付けるものではない。以上が北九州市の見解である。

〔参考〕地方自治法第2条（抜粋）
2　普通地方公共団体は、地域における事務及びその他の事務で法律又はこれに基づく政令により処理することとされるものを処理する。
3　市町村は、基礎的な地方公共団体として、第五項において都道府県が処理するものとされているものを除き、一般的に、前項の事務を処理するものとする。
4　市町村は、前項の規定にかかわらず、次項に規定する事務のうち、その規模又は性質において一般の市町村が処理することが適当でないと認められるものについては、当該市町村の規模及び能力に応じて、これを処理することができる。
（略）
8　この法律において「自治事務」とは、地方公共団体が処理する事務のうち、法定受

122　糸魚川市HP参照。(http://www.city.itoigawa.lg.jp/5130.htm、2017年9月30日閲覧)。
123　北九州市環境局環境首都政策課「一般廃棄物の広域移動による処理・リサイクルの取組について」(2009.8.5) p.11参照。(https://kyushu.env.go.jp/recycle/data/090805a_9.pdf、2017年9月30日閲覧)。

81

第5章　廃棄物行政における基本原則

託事務以外のものをいう。

〔参考〕廃棄物の処理及び清掃に関する法律（抜粋）

第四条（国及び地方公共団体の責務）

1　市町村は、その区域内における一般廃棄物の減量に関し住民の自主的な活動の促進を図り、及び一般廃棄物の適正な処理に必要な措置を講ずるよう努めるとともに、一般廃棄物の処理に関する事業の実施に当たっては、職員の資質の向上、施設の設備及び作業法の改善を図る等その能率的な運営に努めなければならない。

2　都道府県は、市町村に対し、前項の責務が十分に果たされるように必要な技術的援助を与えることに努めるとともに、当該都道府県の区域内における産業廃棄物の状況を把握し、産業廃棄物の適正な処理が行われるように必要な措置を講ずることに努めなければならない。

（一般廃棄物処理計画）

第六条　市町村は、当該市町村の区域内の一般廃棄物の処理に関する計画（以下「一般廃棄物処理計画」という。）を定めなければならない。

2　一般廃棄物処理計画には、環境省令で定めるところにより、当該市町村の区域内の一般廃棄物の処理に関し、次に掲げる事項を定めるものとする。

一　一般廃棄物の発生量及び処理量の見込み

二　一般廃棄物の排出の抑制のための方策に関する事項

三　分別して収集するものとした一般廃棄物の種類及び分別の区分

四　一般廃棄物の適正な処理及びこれを実施する者に関する基本的事項

五　一般廃棄物の処理施設の整備に関する事項

3　市町村は、その一般廃棄物処理計画を定めるに当たつては、当該市町村の区域内の一般廃棄物の処理に関し関係を有する他の市町村の一般廃棄物処理計画と調和を保つよう努めなければならない。

4　市町村は、一般廃棄物処理計画を定め、又はこれを変更したときは、遅滞なく、これを公表するよう努めなければならない。

（市町村の処理等）

第六条の二　市町村は、一般廃棄物処理計画に従つて、その区域内における一般廃棄物を生活環境の保全上支障が生じないうちに収集し、これを運搬し、及び処分（再生することを含む。第七条第三項、…略、以下同じ。）しなければならない。

3.2.3　自区内処理原則の普及と定着

自区内処理原則は、廃棄物問題が地方自治と密接不可分な形で発展してきた

ことから、住民の間でもきわめて自然で受容しやすいものであった。東京都 23 区の特別区長会が全区焼却施設整備方針を撤回し、事実上、自区内処理原則の看板を下ろしたのちも、本原則を放棄したことを明言したことはなかった。この点を鄭（2014a）は、「清掃事業の責任を負っている市町村をはじめ住民の間でも、すでに自区内処理原則は社会的・実体的規範として定着しているためであろう」[124] と述べている。即ち自区内処理原則は、行政・住民を問わず廃棄物処理を論議するうえで、基本的な共通の規範概念的な用語として存在するのである。

　一方、この原則をさらに普遍的にとらえて、「国の内外を問わず、廃棄物の処理はできうる限りその排出地域に近いところで行うという社会的合意」[125] とする考え方もあるが、この考え方は、逆に、自区内処理原則を狭くとらえてしまうことで「廃棄物行政の効率性を阻害している側面が見られる」点を指摘し、自区内処理原則の原意（負担の公平化など）を踏まえつつ、原則を前提とした広域処理が可能であるとしている[126]。

　いずれにしろ現在、自区内処理原則が使われる場面とその機能は、①焼却施設などの施設整備の際に近隣住民を説得する材料としての機能、その結果として ②他の地域の廃棄物を拒否する理屈としての機能、さらにその結果として ③他地域の廃棄物を受容する場合の条件整理など交渉ツールとしての機能である[127]。

3.3　自区内処理原則と住民自治・団体自治

　歴史的に見て、わが国で自区内処理の用語がきわめて自然に行政関係者はもとより住民側にも広く受容されたのは、ごみ問題が、住民が共同生活を営む上

124　鄭（2014 a：40）参照。
125　全国市長会（1998.3）『都市と廃棄物管理に関する調査研究報告−廃棄物に関する都市政策研究会平成 9 年度報告−』「第 2 章 都市自治体の廃棄物管理をめぐる主要課題 1．「自区内処理」の原則と広域処理のあり方（1）「自区内処理」原則の原意」から抜粋。
　　（http://www.mayors.or.jp/opinion/teigen/haikibutu/02syou.html#2、2017 年 9 月 30 日閲覧）。
126　同上「第 2 章 都市自治体の廃棄物管理をめぐる主要課題 1．「自区内処理」の原則と広域処理のあり方を参照。
　　（http://www.mayors.or.jp/opinion/teigen/haikibutu/02syou.html#2、2017 年 9 月 30 日閲覧）。
127　鄭（2014 a：32-33）参照。

第5章　廃棄物行政における基本原則

で避けて通れない問題であり、住民自らも排出者・原因者である認識が少なからずあり、お互いに迷惑を避けようという意識が根底にあるからである。

　これは、住民が自らの問題を自裁するという「地方自治の本旨」就中その一つの柱とされる「住民自治」の根底にある命題なのである。自区内処理原則がもう一方の柱である「団体自治」、すなわち地域の問題は国ではない地域固有の機関が処理すべしという命題とも近似性があるのは間違いない。

　しかし、迷惑の分担として本原則をみたとき、廃棄物が地方自治と親和性があるのは、「住民自治」の面であって、必ずしもその管轄範囲を限界しやすい「団体自治」の面ではない。廃棄物処理は「住民自治」の視点であるべきで、自区内処理原則が「団体自治」のための政治的ルールではないはずである。各自治体の規模、能力、その他の事情に応じて共同処理、広域処理をすることも問題はない。重要なことは、たとえ広域処理であっても、関係者が住民自治＝排出者責任を忘れず、当事者意識をもって取り組む必要があるということで、廃棄物処理法第6条の2の法意もそこにあると考えるべきである。

4　小括

4.1　自区内処理原則の考察

　自区内処理原則とは何か。それは地方自治から導かれる論理なのか。またそれは広域処理のアンチテーゼとなるものか。また自区内処理原則が適用される処理の範囲はどこまでか。

　まず自区内処理原則の意義を考察してみよう。自区内処理原則とは、法令用語ではないためにその解釈は、一般の使用例に委ねられている。そうした経緯からここでは、市町村（市は特別区を含む）で発生した廃棄物は当該市町村の区域内で処理すべきだとする原則として定義しておこう。論者によって違いはあっても多くのはこの定義で異論はないはずである。

次に、自区内処理原則と地方自治との関係を考察してみよう。廃棄物の処理は、衛生的で健康な市民生活を営むうえで最も身近な問題でもあるため地方自治法において市民に身近な存在である市町村の事務として位置付けられ、実施されてきた。ただこの地方自治法の規定は廃棄物処理にかかる市町村の責務を定めるだけで、直ちに自区内処理原則を定めたものと解釈することは規定上無理がある。憲法の地方自治の本旨は、団体自治と住民自治を意味するものとされる。自分たちが排出したゴミは自分たちが処理方法を決めるという観点から見れば住民自治に近く、可能な限り地域内で処理を済ますという観点で捉えるならば団体自治に近いと言えよう。ただ、排出者責任の視点から他者に迷惑をかけないという規範として捉えるならば、団体自治よりも、住民自治の比重が大きいと言える。いずれにせよ地方自治法、憲法が定める規定や原則から直ちに自区内処理原則が出てくるものではないことは明らかである。

　では自区内処理原則は広域処理のアンチテーゼとなるのか。ただし、この議論は自区内処理原則が法規範でないために、政治的な意味において広域処理のアンチテーゼとなるか否かを問うものとなる。地方自治の本旨である住民自治、団体自治は、自己決定と自己責任という民主主義の原則に由来している。そうすると民主主義の原則からは、倫理的規範として自らが排出した廃棄物は自らの区域内で処理することが望ましいものの、それ以上の倫理的規範を導きだすことはできないのではないか。

　廃棄物の処理は、廃棄物の収集・運搬・中間処理・最終処分の過程を辿る。自区内処理原則が自治体の廃棄物処理行政から浮かび上がってきた経緯を考慮すれば、すべての過程が区域内で処理されればそれに越したことはない。しかし都心部に狭小な市町村が存在することを考慮すると、すべての過程を区域内で処理することは現実的に不可能である。全過程を視野に収めつつも、排出市町村は最低限中間処理まで責任を負うと捉えるのが合理的ではないだろうか。

85

第 5 章　廃棄物行政における基本原則

4.2　フェニックス事業と自区内処理

　廃棄物処理における規模の利益を生かすため、中間処理であるごみ焼却では一部事務組合などを結成するなど自治体間で広域処理が広がっている現状がある。また、近畿の大半の市町村を包含して廃棄物の最終処理を行う大阪湾フェニックス事業は、その規模の大きさから広域処理の一つの到達点でもあると言える。大阪湾フェニックス事業は、近畿 2 府 4 県 168 市町村が共同で、海面埋立による廃棄物最終処分を行うものである。当該事業は、1982 年に開始され、既に 4 つの埋立処分場が整備され、2017 年 3 月末累計で 5,880 万 ㎡、9,995 万トンの処分[128] が行われており、現在も事業は継続されている。

　近畿圏も関東圏も、それぞれ都市化の中で同じように廃棄物の最終処分先に悩む市町村が多数を占める状況は変わらない。しかしながらフェニックス事業は東京湾でも計画されて関係都県市で検討されたが、紆余曲折の議論を経た結果、最終的に事業化は見送られることになった。

　なお東京湾フェニックス事業計画の議論の過程で、同事業を否定するための論理として廃棄物の自区内処理原則が使用された。この場面では自区内処理原則は、自治体間の共同による広域処理と対峙する論理として使われたわけである。そこでは、自区内処理原則の住民自治としての実質的意義から離れ、自治体間の利害が前面に出た結果、団体自治としての形式的な意義が強調された。なぜなら、東京湾フェニックス計画検討時に、自区内処理原則を盾に終始、強硬に反対姿勢を貫いていた千葉県でも、一方で当時、既に県外処理[129] が始まっていたからである。

128　第 27 回廃棄物資源循環学会研究発表会特別セッション 2 論文集資料を参照。
　　（http://jsmcwm.or.jp/taikai2016/files/2016/11/phoenix12.pdf、 2017 年 10 月 23 日閲覧）。
129　千葉市の可燃性の一般廃棄物が青森県三戸郡田子町の民間最終処分場に持ち込まれている報道
　　（1989 年 5 月 27 日付　朝日新聞　朝刊）。同年 11 月 16 日開催の第 22 回六都県市首脳会議で畑埼
　　玉県知事が「千葉市も県外にゴミを持って行き批判を受けているではないか。」と発言している（1989
　　年 11 月 17 日付　朝日新聞　朝刊）。

86

第6章−事例分析1　大阪湾フェニックス事業の成立

1　事業の仕組み

　大阪湾フェニックス事業とは、近畿2府4県168市町村と大阪湾の4港湾管理者（大阪府・市、兵庫県、神戸市）が共同して廃棄物の海面埋立処分（廃棄物行政）

図6-1-1　大阪湾フェニックス事業区域（廃棄物受入れ区域、4埋立処分場・9中継基地）

出所：2014年7月31日大阪湾広域臨海環境整備センター第1回「廃棄物受け入れに関する検討委員会」資料2「大阪湾広域臨海環境整備センターの概要」p.2。一部筆者修正。

第6章−事例分析1　大阪湾フェニックス事業の成立

とこれによる土地造成（港湾事業）を行う広域連携事業である。1981年に制定された広域臨海環境整備センター法（昭和56年法律第76号）に基づき、同法公布・施行の翌年の1982年3月に関係自治体と港湾管理者の出資により設立された大阪湾広域臨海環境整備センター（以下「センター」と略称）が実施主体となって、事業を実施しすでに4つの埋立処分地が稼働している。

　大阪湾フェニックス事業は、事業の性格上、大阪湾圏域すなわち大阪湾に流入する河川流域の市町村の区域が対象となっており、2府4県と168市町村と4港湾管理者（大阪府・市と兵庫県・神戸市）が出資している。ちなみに国の出資はない。

表6-1-2　大阪湾フェニックス事業の緒元（2016年3月末現在）

処分場	区画名	面積(ha)	計画量（万㎥）	埋立量（万㎥）	うち27年度実績	残容量（万㎥）	進捗率(%)	竣工済面積(ha)
尼崎沖	管理型	33	478	474	5	4	99.1	16.2
	安定型	80	1,100	1,076	11	24	97.8	39.5
	全体	113	1,578	1,550	16	28	98.2	55.7
泉大津沖	管理型	67	1,080	1,038	0	42	96.1	52.1
	安定型	136	2,000	1,854	21	147	92.7	62.3
	全体	203	3,080	2,892	21	188	93.9	114.4
神戸沖	管理型	88	1,500	1,073	21	427	71.5	
大阪沖	管理型	95	1,398	365	56	1,033	26.1	
合計	管理型	283	4,456	2,950	76	1,506	66.2	
	安定型	216	3,100	2,930	33	170	94.5	
	全体	499	7,556	5,880	108	1,676	77.8	

出所：尾川毅、濱口弘行（大阪湾広域臨海環境整備センター）（2016）「フェニックス事業の概要及び廃棄物の受け入れ体制について」第27回廃棄物資源循環学会研究発表会特別セッション2論文集より引用。

2　センターの組織

2.1　センター

　センターの組織は、定款[130]に定められており、管理委員会をトップとして、

管理委員会の下に理事長などの役員がおり理事会を構成する。管理委員会は定数が8人で地方公共団体の長4人、港湾管理者の長4人で構成する。選任方法はセンターに出資した地方公共団体の長及び港湾管理者それぞれの互選で選ばれ、任期は4年である。慣例として、委員長に大阪府知事・堺泉北港湾管理者の長が、委員には滋賀県知事、京都府知事、兵庫県知事・尼崎西宮芦屋港湾管理者の長、奈良県知事、和歌山県知事、大阪市長・大阪港港湾管理者、神戸市長・神戸港港湾管理者が任命されている。管理委員会の権限は、(1) 定款の変更 (2) 広域処理場の整備に関する基本計画及び実施作成又は変更 (3) 予算、事業計画及び資金計画の作成又は変更である。

　役員として理事長1人、副理事長1人、理事15人以内及び監事2人を置く。理事長と監事は管理委員会が任命し、副理事長と理事は管理委員会の同意を得て理事長が任命する。理事長・副理事長には代表権が与えられている。理事長は歴代、兵庫県副知事が任命されており、副理事長は常勤であり、大阪府からの出向者が務めている。副理事長に加えて常勤の理事が5名おり、国土交通省・環境省、兵庫県・大阪市・神戸市からの出向者が任命されている。その役割分担は、副理事長(大阪府)はセンター全体の実務の代表と企画部門、兵庫県出向理事が総務部門、大阪市出向理事が財務部門、国土交通省出向理事が建設部門、環境省出向理事が環境部門、神戸市出向理事が業務部門をそれぞれ担当する。基本的には、この6人の常勤役員が合議制で日常業務を遂行している。また、理事は他に非常勤で10名おり、監事2名を含めて、2府4県及びその県(府)庁所在市の港湾または環境担当部局長が就任している。

　なお、役員を補佐し、実務を執行する職員について見ると、役職員全体で130名程度であり約半分を地方自治体出向者が占める[131]。残り半分のうち正規職員はプロパー職員が20名程度と少なく、他は非常勤の職員[132]・アルバイトである。このようにセンターは実務面でも2府4県及びその県(府)庁所在市か

130　大阪湾広域臨海環境整備センターHP　(http://www.osakawan-center.or.jp/images/soumu/
　　teikan.pdf　2017年10月23日閲覧)
131　2010年7月5日朝日新聞夕刊　参照。
132　非常勤職員も関係自治体職員ＯＢである場合が多い。

らの出向者で運営される組織であり、それは、センターが設立された当初から
採用された方式である。その理由はセンターから見れば、数少ない廃棄物関連
の技術者や専門家が即戦力として容易に調達できるという面と、一方自治体に
とっては、出向者を通じてセンターの状況を的確に把握するとともに、センター
の運営に影響を及ぼすことができるという面の両面があり、両者のニーズがう
まく合致した結果である。なお、出向元の内訳をみると、大阪府・市、兵庫県・
神戸市の４自治体からの出向者がほぼ同数の各10名前後と突出しており、他の
自治体からはそれぞれ１、２名づつである。

　このように、センターの組織は、経営責任をもつ役員と実務の中枢部門は、
大阪府・市、兵庫県・神戸市の４自治体で占められている。また、管理委員会
の長は大阪府で、理事会の長は兵庫県、常勤役員の長は大阪府、総務担当理事
は兵庫県と均衡が図られており、財務担当理事が大阪市で業務担当理事が神戸
市という形で経営と実務の責任を分任する形がとられ、かつ、各常務理事を補
佐する所管課長も別表のとおり、４者間のバランスが図られている。

表6-1-3　部門別担当役職員の出向元

部門	担当理事	出向元	担当課長	出向元
企画	副理事長（企画担当）	大阪府	企画課長	兵庫県
総務	総務担当常務理事	兵庫県	総務課長	大阪府
財務	財務担当常務理事	大阪市	財務課長	神戸市
建設	建設担当常務理事	国土交通省	建設課長	神戸市
環境	環境担当常務理事	環境省	環境課長	兵庫県
業務	業務担当常務理事	神戸市	業務課長	大阪市

出所：筆者作成。

　大阪府・市、兵庫県・神戸市の４自治体は、廃棄物の排出者の立場（府県は監
督の立場）と港湾管理者としての立場を併有し、なおかつ埋め立て海域を提供す
ることから、センターの中心メンバー（コアメンバー）となった。これら出向役
職員は、センターの役職員として業務に従事することは当然であるが、その大
半は形式的にしろ出向元の自治体の身分を併有しており、基本３年の出向期間

終了後は出向元の団体に復職する[133]。出向役職員はおのずと出向元の自治体の意を体した対応を取りがちとなるか、あるいは少なくとも意に反した行動をとることはできない。このように、センターの構成団体は、職員出向を通じ間接的にセンターの運営をコントロールするとともに、間接的に運営の責任ももつ、ということになる。これは、寄り合い所帯であるセンターの宿命であると同時に、プロパーを最少限にして出向者を主体とした体制を選択した結果でもある。

役職員構成から読み取れるように、センターの運営と事業実施は上記のコアメンバーである4自治体が実質的な権限をもち、相互の均衡を保ちながら合議形式で行われている。

なお、国土交通省、環境省は監督権限をもっており、適宜、運営状況が把握できる体制になっているが、基本計画の見直しなど重要な事項以外の関与は少なく、両省からの出向理事にはとくに大きな権限[134]は与えられていない。かつては理事以外の両省出向者もスタッフ職として1名づつ在籍していたが、2012年から2013年にかけて廃止されている。

このことからもセンターが徐々に国の影響下から離れて関係自治体間の合議（とくにコアメンバーを中心にした）による自主的自律的な運営に移行していく様子がうかがえる。

図6-1-4　大阪湾フェニックスセンターの組織図

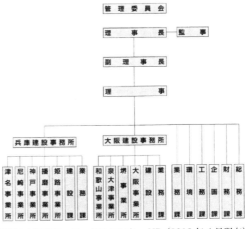

出所：大阪湾フェニックスセンターHP（2018年4月現在）[135]

133　大阪湾広域臨海環境整備センター（2002：39）参照。役職員は地方公務員制度から出向期間の制約がある。設立当初からの一定時期に役員の長期在籍（11年1名）が見られるがその後は5年以内である。
134　権限に伴う責任の問題も配慮されている。
135　大阪湾フェニックスセンターHP（http://www.osakawan-center.or.jp/index.php/about-us/organization、2018年5月15日閲覧）。

第6章–事例分析1　大阪湾フェニックス事業の成立

2.2　促進協議会

　大阪湾広域処理場整備促進協議会（以下、「促進協」）は、元々1980年11月の運輸省・厚生省案の一本化を機にフェニックス構想の実現に向けて地元自治体で結成された大阪湾圏域環境整備機構設立促進協議会であり、これを改組し、センター発足に合わせて1982年3月に設立された任意の団体である。さらに、前身の機構設立促進協議会は、1978年に厚生省・運輸省の肝いりで結成された近畿圏廃棄物対策協議会を中心に組織された要望団体であり、センターの設立によってその役割を終えたが、フェニックス事業に参加する地方自治体の連絡調整組織として再組織されたものである。

　促進協は、出資する全ての地方自治体で構成され、センターの運営に関して自治体の意見をまとめ、またセンターからの提案などを受ける役割を果たしている。各府県が所管市町村のとりまとめをおこない、大阪府と兵庫県が代表し、事務局となっている。

　当初はセンターと各自治体を取り次ぐだけのセンター事業の連絡調整組織であったが、後年に2期事業スキームの変更や3期での排出者負担のあり方の協議を通じて促進協の存在感が次第に高まっていく。そのことは、2011年の2期事業スキームの変更に際して各府県部会の設置がなされ各市町村の意見集約の効率化と厳格化が図られた事実、そして、3期事業の公式資料であるフェニックス3期神戸沖埋立処分場（仮称）設置事業に係る環境影響評価方法書において3期事業の「検討機関」として位置づけられた事実[136]がこれを裏付けている。このように促進協が、連絡調整機関から実質上の意思決定機関[137]に変貌することで、大阪湾フェニックス事業が水平連携として実を備えていくことが明らかになった。

---

136 『フェニックス3期神戸沖埋立処分場（仮称）設置事業に係る環境影響評価方法書（要約書）』2.2.10
　「その他対象最終処分場事業に関する事項」p 2-12 参照。
137 　関係自治体が3期決定の根拠に促進協の確認をもって説明している。2016年6月21日神戸市議
　会福祉環境委員会環境局長答弁など参照。

表 6-1-5　　促進協の組織

目　的	広域処理場の整備に当たり、関係者間の意思疎通を図り大阪湾センター事業の円滑な運営を支援する。
設　立	昭和 57 年（1982 年）
構成員	2 府 4 県知事 168 市町村長及び 4 港湾管理者（平成 24 年 9 月改編）
会　長	兵庫県知事
組　織	下部組織として幹事会、プロジェクトチーム検討会（環境部会及び港湾部会）及び 2 府 4 県の各部会を設置

	＜幹事会＞	・構成員：以下の団体の担当部局長（2 府 4 県・府県庁所在市・政令指定都市・府県推薦市町村、4 港湾管理者） ・事務局：兵庫県環境整備課
	＜環境部会＞	・構成員：2 府 4 県、京都市、大阪市、神戸市、和歌山市、堺市 ・事務局：兵庫県環境整備課
	＜港湾部会＞	・構成員：4 港湾管理者 ・事務局：大阪湾フェニックスセンター
＜各府県部会（6）＞		・府県ごとに設置、府県内の市町村で構成、各府県が事務局

出所：フェニックス 3 期神戸沖埋立処分場（仮称）設置事業に係る環境影響評価方法書 p.2-12 から
　　　筆者修正。

3　大阪湾フェニックス事業の当初スキーム

3.1　事業の大枠

　事業の大枠は、一般廃棄物廃排出者（市町村）・産業廃棄物排出者（民間事業者）は最終処分先が安定的・継続的に確保され、港湾管理者は護岸整備費だけで土地が入手できる仕組みであって、フェニックス事業は三者（市町村・民間事業者・港湾管理者）が皆、受益を受ける事業スキームとなっていた。

3.2　事業内容

　大阪湾フェニックス事業の事業内容は、広域臨海環境整備センター法 19 条に

93

第6章–事例分析1　大阪湾フェニックス事業の成立

規定されている。主な事業内容な以下の通りである。

（ア）護岸建設

センターはまず港湾管理者の費用をもって護岸を作る。これは港湾管理者からの受託事業と位置付けられる。港湾事業として国土交通省の補助が基本的に25パーセント充当され、残る75パーセントが港湾管理者の負担[138]となる。

（イ）一般廃棄物埋立処分

次に出来上がった護岸の中に一般廃棄物（市町村のごみ焼却場から出る焼却灰など）を当該市町村の費用で埋立処分を行う。これは一般廃棄物事業者である市町村からセンターへの受託事業である。ただし、廃棄物受入れ量に伴い従量制による課金が行われるため、排出自治体にとって日常的には、民間処分場への処理と変わらず、委託事業さらには共同事業という意識は希薄にならざるを得ない状況にある。

（ウ）産業廃棄物埋立処分

産業廃棄物は一廃と同様に埋立処分を行うがこれはセンターの自主事業である。これは民間事業者が相手であり純粋なビジネスと位置付けられ、国からの補助も除外されている。

（エ）その他

廃棄物処分関連施設（積出基地、揚陸施設、排水処理施設等）は、環境省の補助を受けて地方公共団体（2府4県、168市町村）とセンターが費用負担して建設する[139]。最後に、埋立てが完了した土地は港湾管理者に無償で引き渡される。

〔参考〕広域臨海環境整備センター法19条（数字は号数）の内容
センターは、第一条の目的を達成するため、次の業務を行う。

①港湾管理者の委託を受けて次の業務を行う。

138　地球環境関西フォーラム第76回循環社会技術部会「大阪湾フェニックス事業が果たしてきた役割と今後の展望」（講師：樋口進大阪湾広域臨海環境整備センター環境課長）p.3 参照。補助率は国の財政状況により変動する。
　（http://www.global-kansai.or.jp/bukai/img/H24.9.14-junkan.pdf、2017年9月30日閲覧）。
139　地球環境関西フォーラム第76回循環社会技術部会「大阪湾フェニックス事業が果たしてきた役割と今後の展望」（講師：樋口進大阪湾広域臨海環境整備センター環境課長）p.3 参照。

表6-1-6 フェニックス事業の流れ

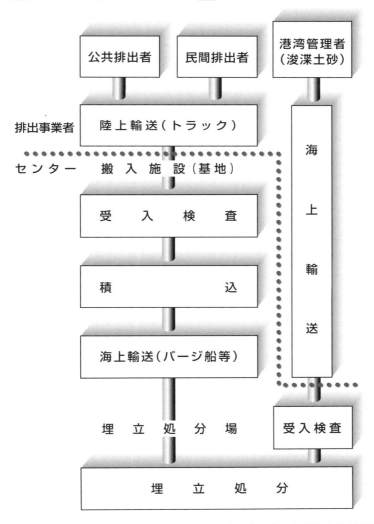

センターパンフレット（2018年4月発行）より

第6章−事例分析1　大阪湾フェニックス事業の成立

表 6-1-7　処理工程図

受付ゲート
受付ゲートで、契約された廃棄物の照合と目視検査を行い、計量します。

積込
受入検査を行った廃棄物は、投入ステージから、ダンピングにより運搬船へ積み込みます。

埋立処分
受け入れた廃棄物は各基地から処分場へ船で運搬し、処分場で揚陸を行い、埋立処分します。

センターパンフレット（2018年4月発行）より

- 廃棄物埋立護岸の建設及び改良、維持その他の管理

- 廃棄物埋立護岸における廃棄物による海面埋立てにより行う土地の造成

（これらの業務は同法 19 条 1 号に規定されていることから、関係者の間では「1 号事業」と呼ばれる。）

②地方公共団体の委託を受けて次の業務を行う。

- 一般廃棄物等の最終処分場の建設及び改良、維持その他の管理

- 一般廃棄物等の海面埋立て

- 前に掲げる施設の円滑かつ効率的な運営を確保するための搬入施設等の建設及び改良、維持その他の管理

（これらの業務は同法 19 条 2 号に規定されていることから、関係者の間では「2 号事業」と呼ばれる。）

③産業廃棄物の最終処分場の建設及び管理及び改良、維持その他の管理並びに産業廃棄物による海面埋立て

（これらの業務は同法 19 条 3 号に規定されていることから、関係者の間では「3 号事業」と呼ばれる。）

④前各号の業務に付帯する業務

4 大阪湾フェニックス事業の成立経緯と各アクターの行動

4.1 複合的事業としての特性

当該事業は廃棄物事業に関する自治体間の協働による広域行政と位置づけられると同時に、港湾区域の埋立地利活用という面で廃棄物事業と港湾事業とのコラボレーション（協働）が特色となっている。

すなわちセンター業務において、廃棄物海面埋立て事業に先行して、土地造成が位置づけられている。このことはこの事業が単に廃棄物事業としての環境行政であるだけではなく、埋立造成事業としての港湾行政[140] の性格を併有することを意味する。その許認可官庁は、環境省（発足当時は厚生省）と国土交通省（同

---

140 広域臨海環境整備センター法第 1 条は、事業目的を「廃棄物の適正な海面埋立てによる処理」と並んで「これによる港湾の秩序ある整備」と規定する。

じく運輸省）の二重所管となっている。これによって、後述するが環境行政の進展が後に土地利用上の制約となって事業進捗上の大きなジレンマとなる。

さらに産業廃棄物処分場の整備運営は、経済振興と環境保全の両目的の下で行われるが、厳密にはセンターは民間（処分場）事業者と同じ立場で事業運営（ビジネスとしての事業経営）を行うことを意味しており、処分場の監督官庁としての行政（府県・政令市など）との微妙な関係（協力関係と利害相反）が生まれる。

以上述べたように３つの性格を併有する複合事業であるフェニックス事業に関わるアクターはおのずと多彩とならざるを得ない。

すなわち中心的な行政主体としては大阪湾の４つの港湾管理者と168市町（廃棄物事業部門）、それらの廃棄物法・環境法制上の監督官庁であり調整者でもある２府４県である。そして以上の主体で構成する特別法人のセンター（出資自治体と国からの出向者が主体に運営される）が事業主体となる。

さらに環境省と国土交通省の２つの認可官庁がそれぞれの立場から関与する。そして、これら行政のアクターに加え、民間産業廃棄物の受入の関係から廃棄物業者で構成される各府県の産業廃棄物協会（以下、「産廃協会」と略）など民間事業者が事業の顧客でありかつ圧力団体としても存在する。

センターの事業運営にあたっては、それぞれのアクターの利害得失が輻輳し当然ながらその調整は相当の困難が想定される。しかし同事業は1981年の事業開始以来、いくつかの危機的な局面に遭遇しながらも１期・２期ともにほぼ円滑に事業進捗が行われ、４つの埋立処分場が整備・運営されてきた。

4.2　成立経緯

このように事業に関わる関係者が多数でありかつそれらの利害が複雑に絡み合うフェニックス事業がどういった過程で成立したのか。たしかに当初の構想やスキームが優れていたとも言える。しかしそれだけではなく、事業の成立は、各関係者が選択した行動の結果に依存する部分も少なくない。以下、その経緯を年月順に記述していく。

1970 年 7 月　厚生省生活環境審議会答申で都市・産業廃棄物対策の広域化の必然性が協調される。

1971 年 2 月　大阪府において、大阪府・大阪市出資により㈶大阪産業廃棄物処理公社が設立され、大阪府・市主導の産業廃棄物を対象にした公共関与の全国初の海面埋立事業を開始された。(堺第 7-3 区の事業化)

1973 年 7 月　港湾法の一部を改正し、廃棄物を海域で埋立処分するための「廃棄物埋立護岸」を新たに港湾施設にとり入れられた。

1975 年 1 月　兵庫県において㈶兵庫県阪神環境事業公社が設立され、兵庫県と阪神間 6 市による、一般廃棄物を含んだフェニックス計画の県版ともいえる広域海面処分事業が開始された。その後、西播磨 2 市 10 町が加わり、㈶兵庫県環境クリエイトセンターに改編された。

センター 20 年史[141] によれば、この時期までに各自治体、産廃業界等から国に廃棄物処分場の確保について要望が相次いでいる。

1976 年 1 月　廃棄物の処理及び清掃に関する法律が改正され、六価クロムによる環境汚染問題を契機とした産業廃棄物の規制強化や最終処分場に関する規定が盛り込まれたが、広域処理に関する規定、地方公社制度などは見送られた。

1976 年 4 月　運輸省において、港湾における廃棄物の広域的処理のあり方についての各種の調査が実施された。

1976 年 5 月　衆・参両院の社会労働委員会において、廃棄物の処理及び清掃に関する法律及び廃棄物処理施設整備緊急措置法の一部を改正する法律案に対する附帯決議がなされ、廃棄物の広域的処理の問題がクローズアップされた。これにより厚生省は、この廃棄物の広域的な最終処分場の確保について、その方策を検討することを余儀なくされた[142] とされている。

1976 年 8 月　運輸省が広域廃棄物埋立護岸整備構想を発表した。これは東京湾・大阪湾埋立護岸整備公団を設立し、廃棄物埋立護岸の整備を行おうとするものであった。

141　大阪湾広域臨海環境整備センター (2002) 参照。
142　片山 (1991：223) 参照。

第6章−事例分析1　大阪湾フェニックス事業の成立

　1977年8月　厚生省が、広域最終処分場構想を発表した。これは、廃棄物処理公団を設立し、首都圏、近畿圏において広域最終処分場の整備を行おうというものであった。

　1977年9月　厚生省が広域最終処分場の事業について「フェニックス」の愛称を決定した。

　1977年12月　運輸省と厚生省が、共同での広域廃棄物埋立処分場構想の推進に合意し、次年度予算に各5,000万円の調査費を計上した。

　1978年5月　近畿圏廃棄物対策協議会が発足した。これは広域最終処分場計画に関係自治体の意見を反映させるため、近畿6府県及び7市（県府庁所在市及び吹田市）の廃棄物担当部局長で構成された。同時に首都圏でも同じ名称の組織ができていることから厚生省の強い指導で設立されたことが推定される。

　1978年4月　厚生省、運輸省が分担して計画具体化調査（主として厚生省は陸域、運輸省は海域）に着手した。

　1980年4月　厚生省が広域計画室を設置した。

　1980年8月　運輸省・厚生省は両省案を一本化し、「広域廃棄物埋立処分場整備構想」を発表した。

　同月　大阪湾圏域環境整備機構設立促進協議会が発足した。これは、上記の近畿圏廃棄物対策協議会の参加自治体を中心に圏域80団体の首長で構成し、国の計画一本化を受け、地元自治体として、事業主体の設立のため、予算獲得・法律制定等の陳情・要望活動を行おうとするものであった。

　同月　広域処理の法制化をにらんで広域廃棄物埋立処分場整備促進議員連盟が結成された。

　1981年6月　広域臨海環境整備センター法（昭和56年法律第76号）が公布された。

　1981年12月　同法が関係政省令と併せて施行された。

　1982年1月　センター法に基づき、厚生大臣から「広域処理対象区域」（近畿2府4県159市町村）、運輸大臣から「広域処分場整備対象港湾」（大阪港、堺泉北港、神戸港、尼崎西宮芦屋港）が指定された。

100

同月 「大阪湾広域臨海環境整備センター」設立発起人会（近畿6府県の知事及び同府県庁所在市長）が開催された。

1982年2月 主務大臣である厚生大臣・運輸大臣から大阪湾広域臨海環境整備センターの設立認可がなされた。

1982年3月 「大阪湾広域臨海環境整備センター」が資本金1億円で設立された。

同月 大阪湾圏域環境整備機構設立促進協議会解散・改組し、大阪湾広域処理場整備促進協議会が設立された。

4.3　各アクターの行動

4.3.1　国

1975年頃から各自治体や産業界からの要望を受けて、運輸省・厚生省のそれぞれが広域廃棄物埋立処分場の構想を発表した。これらはいずれも法律による特殊法人設立という公団方式のものであった。とくに運輸省では折から当時議論されていた京浜・阪神両外貿埠頭公団廃止案への対案[143]の意味もあった。

当然ながら両省間で主導権争いがおこるが、共倒れを回避するために共同での構想推進が合意され、1978年からそれぞれ調査が分担して実施された。この際、厚生省は陸上、運輸省が海面をという住み分けがなされている。予算要求段階では1979年度～1980年度の両予算要求において厚生省が「廃棄物処理公団」、運輸省では1980年度要求で「広域廃棄物埋立護岸公団」設立の新規要求がなされている。しかし、類似要求が未調整などの理由で要求は認められるに至らなかった。

1981年予算要求にあたりようやく両省は計画の一本化を図り共同で推進することで合意した。事業主体として圏域ごとに国が認可して設立する法人として、

143　林昌宏 (2010)「港湾整備における行政の多元化とジレンマ」『年報行政研究』第45号 pp.139-158 参照。

第6章−事例分析1　大阪湾フェニックス事業の成立

国と港湾管理者を含む地方公共団体が出資する「機構」[144] とする認可法人方式で要求がなされた。最終的に国の出資は認められず地方公共団体のみの出資法人として位置づけられることとなった。この背景として、当時、第二臨調の時期で行政改革が叫ばれており、公団廃止や国の出資抑制が時代の要請であったことがあげられよう。また廃棄物処理が明確に地方公共団体の事務そのものであったことも大きな要素である。

4.3.2　府県

　フェニックス事業における府県の立場は多少、微妙である。まず、一般廃棄物は市町村の責務であり、同事業による廃棄物処分場の整備が府県自らに直接の受益をもたらすわけではない。ただ、廃棄物の基本法である廃棄物および清掃に関する法律あるいは環境保全法制上、一般廃棄物処理に関して市町村を指導監督する権限（指定都市や中核市などの一定の権限対象外はあるが）がある。また、同様の立場で産業廃棄物に関しては、民間産廃業者を指導監督する権限を持っている。府県ごとの産廃協会との交渉窓口ともなっている。したがって一般廃棄物・産業廃棄物とも、廃棄物処分場に関しては、環境保全上の監視及び取締り権限が中心である。もちろん、適切な廃棄物処分場があることが、不法投棄の抑止となると同時に、廃棄物処理の適正指導のための重要な切り札となることも大きい。さらに地場産業振興の見地からも管轄区域内に産廃処分場もつことの利益もある。ただ、市町村に比べればこれらはやはり間接的なメリットということになる。

　ここで注目されることが、大阪府・兵庫県においてフェニックス事業に先行して、それぞれ廃棄物公社を設立し、海面埋立処分場の整備運営を開始している事実である。とくに、兵庫県は産業廃棄物よりも一般廃棄物（市町村のゴミ焼却場の焼却灰など）を対象とした事業を展開し[145]、まさにフェニックス事業の先

144　1980年11月に地元自治体を主体とする大阪湾圏域環境整備機構設立促進協議会が発足している。本章4.2参照。
145　㈶兵庫県阪神環境事業公社及び㈶兵庫県環境クリエイトセンター。

導役を果たしている点は注目に値する。

4.3.3 市町村（排出サイド）

　フェニックス事業立ち上げ時に、府県が主体となった推進団体（大阪湾圏域環境整備機構設立促進協議会）に参画する形でかかわるが、その他は特段、目立った行動はみられない。本来、最大の事業メリットを受ける立場であるが、当時の事業に対する切実さと積極性が全体の行動からあまり見られない。それは、各市町村によって処分場のひっ迫状況がまちまちであり、かつそれぞれが日々の処分に追われながら処理をしており、当面フェニックス事業がなくても一般廃棄物処理に対応できる体制にはあったと考えられるからである。

4.3.4 港湾管理者（大阪府・兵庫県・大阪市・神戸市）

　港湾管理者が自ら発案し推進した形跡は見られないが、運輸省の行動を常に支持し、積極的に行動している。

　その理由は、1978 年施行の瀬戸内法によって所管海面の新たな埋立てが凍結されており[146]、港湾管理者にとっては、特別法に基づく環境貢献事業として例外的に埋立てが認知されるフェニックス事業は魅力的でもあったからである。当該圏域を所管する 4 港湾管理者がそれぞれ一か所づつ廃棄物護岸整備を行うという横並び意識も関係している。

　埋立材が廃棄物という難点はあるものの、護岸整備費の負担のみで土地が入手できるメリットは、当時の地価高騰の状況においては相当大きかったと類推される。とくに第 1 期（大阪府・泉大津沖、兵庫県・尼崎沖）はおよそ半分が安定型処分場で、埋立て完了後早期に土地利用ができる利点があった。

4.3.5 民間産廃事業者

　設立までの段階でとくに主体的で積極的な行動は観察されていない。それは

146　次章 5.2 参照。

第6章−事例分析1　大阪湾フェニックス事業の成立

一般廃棄物排出者の市町村と同様であり、排出先の確保という長期的メリット
は感じているが、当面の処分先は用意しており日々の処分に追われる中で、本
事業の実現が不確実な状況では切迫感が乏しかったためであろう。

5　分析

　国の厚生省・運輸省の両省は、当初は省益拡大の意図からも、自らがコントロー
ル可能な公団方式を目指して行動したと推測できよう。また、最後の土壇場ま
で両省が対抗意識の下で協調できなかったことも、効用最大化によって選択す
る行動を説明しようとする合理的選択モデル[147]からは説明しやすい。

　ただ紆余曲折はあったにせよ、両省は国よりも地方にメリットが大きいフェ
ニックス事業を推進し支援した。

　フェニックス事業のような府県域を大きく超えた広域連携は、関係団体の調
整、法規制のクリア、事業資金の捻出という点で、市町村レベルではもちろん
府県レベルでも実現させるには無理がある。やはりフェニックス事業という大
規模広域連携は国の事業として創出され、国の主導のもとで成立せざるを得な
かったことは事実である[148]。

　府県のフェニックス事業に関するメリットを考えると、その行動の動機には
疑問が残る。府県は自ら所管する産業廃棄物行政については、民間産廃業者の
指導・監督あるいは不法投棄の取締りという形で直接的に関与する[149]。しかし
一般廃棄物の処理は市町村の事務であり、府県は指導・監督を行うに過ぎない。

147　合理的選択モデルは、経済学・経営学のモデルであるが、政治学においても多用される行動結果・
　予測のための理論ツールである。ここにいう合理性とは個人が自己の利益・効用を最大化するよう行
　動することをさす。
148　現在であれば、関西広域連合が国の役割を果たすことも可能だと考えられるが、本事業成立段階
　では関西広域連合は存在していない。むしろ大阪湾フェニックス事業における広域連携が関西広域連
　合の呼び水になったとも考えられる。
149　府県下でも政令指定市は所管から外れる。さらに現在は中核市・特例市の例外がある（特例市は
　2015 年に廃止されたが経過措置あり。）。

104

このように府県の積極的な行動動機は、そのメリットの間接性から見ると、何らかの追加的な説明が必要である。

　両者は本事業立ち上げ以前にすでに公社方式で廃棄物の海面埋め立てを実施しており、また候補地となるべき海域（港湾区域）を所管する立場であった。実際フェニックス事業の１期事業は大阪府の泉大津沖、兵庫県の尼崎沖で埋立海面が提供されている。ただ海面提供は土地造成のメリットが期待できる反面で、漁業や景観保護などの点でデメリットもある。

　近畿において人口・規模・経済のトップ２府県のライバル意識や横並び意識もある中で、両者が一緒になって本事業を推進した点は注目される。近畿圏の自治体間には一種のコミュニティー的な関係があるとすれば、トップ２の役割、評判に対する意識の存在が想定できる。つまり、廃棄物の広域処理の成否はトップ２の信頼に大きく関わる問題であった。

　大阪府・兵庫県のトップ２に次いで、大阪市・神戸市が大阪湾フェニックス事業の成立に大きな役割を果たした。両市はそれぞれ政令指定都市として府県との間で行政区域の重複、二重行政の存在という事情を抱えるなか、一方で対抗意識をもちながら他方で協調するという微妙な関係にある。その両市は、府県と同様に大阪湾フェニックス事業の２期事業で埋立て海面の提供を行っている。フェニックス事業への海面の提供は、大阪府・兵庫県と同様に土地造成のメリットが期待できる反面で、漁業や景観保護などの点でデメリットもある。そこには当然港湾管理者としての上位官庁である国（当時の運輸省）への配慮と２市の横並び意識、府県に対する対抗意識の存在が考えられる。ただそれだけでなく、周辺都市の信頼を確保する意識もあったと考えられる。

　総合的に見れば、フェニックス事業の立ち上げのキーマンは府県であり、とくに大阪府と兵庫県がその中心的な役割を果たした。次に大阪市と神戸市も大きな役割を担った。いずれにしろ広域処理の実現に、大阪府・大阪市、兵庫県・神戸市の４自治体が大きな役割を果たしたことは間違いない。結果として４自治体は大阪湾フェニックス事業の主要メンバー（コアメンバー）として運営にも

第6章−事例分析1　大阪湾フェニックス事業の成立

存在感を示すことになった[150]。

　事業の直接受益者であるはずの市町村と産廃事業者の主体的な行動が乏しい
ところは、関係する市町村や事業者の多数性・多様性の点でまとまった行動が
とりにくかったこと、そして日々現実の処理に追われる立場からは、新規事業
として成立の見込みが不確実な事業に対して目立った行動がとれなかったと考
えられる。

6　　含意

　大阪湾フェニックス事業の成立は、生活者や事業者が排出する廃棄物処理過
程における大規模な最終処分場の確保という点で、大きな公共的役割を果たす
ことになった。その成立要件を分析すると、関係する国（厚生省、運輸省）、港湾
管理者、市町村・民間産廃事業者・センターのそれぞれの団体の利益追求が大
きなウェートをしめていた。しかしながら事業の中核的な位置を占める構成団
体の中から自己利益追求だけでなく、長期的な視点に立って構成団体全体の共
同利益を重視しようとする姿勢が確認された。

　すなわち、大阪湾フェニックス事業がスタートするための重要な起点になっ
た事実は、港湾管理者であり大阪府、兵庫県、大阪市、神戸市（大阪市、神戸市
は大口排出者でもある）が所管する海面埋め立ての許諾という大きな譲歩をした
ことである。多数当事者が参加するフェニックス事業において、4者の主要メ
ンバーの譲歩によって関係者が参加するメリットが生まれたことを考慮すると、
その意義の大きさが浮かび上がる。

150　現実に、大阪湾フェニックスセンターには、常任理事を含めて4自治体約10名ずつの出向者（同
　　数が慣例）が主要ポストを占めている。

第6章−事例分析2　東京湾フェニック事業の不成立

1　東京湾フェニックス計画の経緯

1.1　東京湾フェニックス計画の検討開始

　1977年8月の厚生省による広域最終処分場構想発表を受けて、1978年5月、厚生省・運輸省の両省[151]の肝いりで関東圏の都県市・一部事務組合で構成された首都圏廃棄物対策協議会が発足した。これが東京湾フェニックス計画に関しての最初の具体的な動きである。同年同月、近畿圏でも同名の組織が立ち上がっているので、この時点では近畿圏と首都圏は横並びの状況であった。

　しかし、その後の同協議会の目立った活動が観測されず、具体的な活動が見出されるのは、1987・1988年度に実施された首都圏における一般廃棄物の処理の長期的な見通しに関するアンケート及び調査であった。これは、後述するように1987年の厚生・運輸両省による関係都県市への正式提案以後の動きである。したがって1987年以前は地方自治体からの自発的で統一的な行動は無かったと考えることが妥当である。しかも、首都圏廃棄物対策協議会はその後休眠状態だと1991年9月の都議会で報告されている[152]。したがって、東京湾フェニックス計画については、地方自治体側からの積極的な推進行動は見られず、自治体の本格的な動きは、1987年11月の厚生・運輸両省による関係都県市への正

151　運輸省も1976年8月に広域廃棄物立護岸整備構想を発表しており、1977年12月には両省は共同での広域廃棄物埋立処分場構想の推進に合意している。

152　1991年9月17日東京都建設清掃委員会での青木（な）委員への今澤ごみ問題緊急対策室長答弁を参照。

第6章–事例分析2　東京湾フェニック事業の不成立

式提案以後の受け身的な検討・協議と考えてよい。

1.2　検討開始以前の状況

1987 年からの東京湾フェニックス計画の正式検討の時期以前、とくに 1981 年のセンター法成立及び大阪湾事業の形成時というフェニックス事業が脚光を浴びる時期の東京湾での状況を新聞報道をもとに再現してみよう。

当時の全国紙記事[153]によると、1981 年 5 月の第 5 回六都県市首脳会議に向けて、センター法の成立見込みを受けて、厚生省環境衛生局長が 4 月に副知事を都庁に訪ね、広域処分場建設促進を要請している。六都県市首脳会議で鈴木都知事が議長を務めることから都に対しとりまとめを訴えたもので、同副知事も「知事に伝え、努力するようにしたい。」と答えている。なお、この時点での他県の状況として、「埋め立て予定海域とみられていた千葉県が消極姿勢を示し、自然保護団体が反対するなど各都県の意向がまとまっていない。」[154]と伝えている[155]。

同首脳会議の結果を伝える記事[156]では、「広域ゴミ処理場（フェニックス計画）に浦安沖が最有力視される千葉県にとって、一方で木更津–川崎間の東京湾横断道路も緊急課題」としつつ、会議後の記者会見で畑埼玉県知事が、「横断道路と新夢の島計画の兼ね合い」が千葉県にあると「ズバリ首都圏サミットの核心を突いた」発言をしたことを伝えている。これによると、東京湾フェニックス計画では千葉県浦安沖が最有力の候補地であったこと、また千葉県が横断道路推進に熱心でフェニックスに消極的であったことがうかがえる。

同年 11 月に開かれた第 6 回六都県市首脳会議に関する記事[157]では、ちょう

153　読売新聞 1981 年 4 月 24 日朝刊 参照。
154　読売新聞 1981 年 4 月 24 日朝刊 参照。
155　同記事は続けて、「このため、来年度のセンター設置さえ危ぶまれている状態で、都では『センターに頼っていては間に合わない』と独自の新埋め立て処分場の検討を進めている」と都の状況を伝えている。
156　読売新聞 1981 年 5 月 14 日朝刊 参照。
157　読売新聞 1981 年 11 月 27 日朝刊 参照。

108

どセンター法の政令が閣議決定される日と重なり、「出遅れ東京湾 今日調整会議」の小見出しで東京湾フェニックスについて議論がなされることが報じられている。記事中、「フェニックスは、運輸・厚生両省の調査で、千葉県浦安沖が最有力視されているが、地元の反対などを考慮、同サミットでは具体的な地名は出ない。」としている。なお、同会議の結果、広域ゴミ処理場建設問題については国のフェニックス計画を含めて検討することとされたと伝えている[158]。さらに同記事では、フェニックス計画では「千葉県浦安沖が最有力視され、日比谷公園の七十倍の千二百ヘクタールが計画」されているとし、首脳会議では、「千葉県側の強い要望もあり、反対住民や国への配慮から『フェニックス計画は参考にする』程度にとどまっている。」としている。

　なお、厚生省の担当者であった小林（1981）の論文[159]によれば、当時のフェニックス計画での埋立位置は「東京湾湾奥部」で1,200ha、2.5億㎥となっている。したがって、先の記事と総合すれば、当初の計画では千葉県浦安沖に集中して埋立てをする案が最有力だったと考えられる。当該個所は各港湾管理者の所管する港湾区域から外れた海域であった。

　しかしその後、計画の進展がみられず、1985年になって全国紙が「東京湾のゴミ処理島 ミニ・分散型に変更 厚生省 環境に配慮し現実策」の見出しで厚生省が「埋め立て面積を当初の計画よりも大幅に縮小し、埋め立て方法も既存の埋め立て地を拡充・整備する分散型にするなど大きく軌道修正する方針」を決定したことを伝えた[160]。見直し計画では、「埋め立て面積を当初の四分の三の九百二十ヘクタールに縮小し、埋め立て方法も、現在、東京湾に十数か所ある既存の埋め立て地を拡充・整備し、順次、埋め立てていく「分散型」を基本に」する[161]としている。

　この状況は、それまで各港湾管理者の所管（埋立許可権限）である港湾区域の外で集中埋立てを予定していた東京湾フェニックス事業が突如、各港湾管理者

158　読売新聞1981年11月28日朝刊 参照。
159　小林（1981：726）
160　読売新聞1985年8月4日朝刊 参照。
161　別表中の1984年4月策定の2番目の構想を指すと思われる。

第6章−事例分析2　東京湾フェニック事業の不成立

の縄張りに踏み込んできたと同様だと言えよう。ただし、港湾区域での埋立て
は港湾事業を一方の柱とするフェニックス事業にとって本来の姿であり、大阪
湾の事業でも当然、当初から港湾区域で実施されている。この時期に至ってよ
うやく東京湾フェニックスが大阪湾と横並び[162]になったと考えてよい。

1.3　検討の経緯

　東京湾フェニック計画の事実経緯を別表のとおりである。

　なお、ここで必然的にメインアクターとなる東京都の廃棄物処理の行政上の
役割分担を最初に明らかにしておく必要があろう。東京においては一般廃棄物
については、2000年4月1日をもって清掃事業が都から特別区に移管された。
このことによって、新しい役割分担では、収集・運搬を各特別区が行い、中間
処理（焼却など）を東京二十三区清掃一部事務組合（通称「清掃一組」）が行うこと
になった。そして最終処分場の設置・管理を東京都が引き続き行うこととなり、
特別区から委託を受けて埋立処分を行っている（東京二十三区清掃一部事務組合HP
参照[163]）。したがって、ここで問題となる東京湾フェニックスの検討は、都が一
般廃棄物の処理全般を所管していた時期のことである。

表6-2-1　東京湾フェニックス計画にかかる国・関係者のおもな動き

年　　月	事項
1977年8月	広域最終処分場構想発表（厚生省）。
1978年4月	厚生省生活衛生局水道環境部計画課広域処分室としてフェニックス事業の推進主管組織がスタート。
1978年5月	首都圏廃棄物対策協議会発足（厚生省・運輸省が発足支援）。
1980年4月	厚生省生活衛生局水道環境部計画課広域処分室が地域計画室に改称（省令組織化）、フェニックス法案の作成。

162　港湾区域外は建設省の所管（埋立許可権限）となり国家事業的な色彩が強く、港湾区域では自治体・
　　港湾管理者間の広域連携の要素が大きいと言える。
163　http://www.union.tokyo23-seisou.lg.jp/somu/somu/kumiai/gaiyo/ikan/h120401ikan.html
　　2017年9月30日閲覧。

1980 年 11 月	広域廃棄物埋立処分場整備構想発表（厚生・運輸両省名）、東京湾圏域（25000 万 ㎡）[164] と大阪湾圏域（14000 万 ㎡）。
1984 年 4 月	「東京湾フェニックス計画」（構想）18400 万 ㎡。
1987 年 4 月	「東京湾フェニックス計画」（構想）11000 万 ㎡。厚生省・運輸省が埼玉県・千葉県・東京都・神奈川県の各知事、川崎・横浜・横須賀の各市長あてで「東京湾フェニックス計画に係わる基本構想について」の通知を行う。
1987 年 6 月	四全総において東京湾岸に広域的な廃棄物処分場の整備を進めることとされる。
1987 年 9 月	六都県市首脳会議（首都圏サミット）の下部組織である廃棄物問題検討委員会において両省から構想の説明。
1987 年 11 月	六都県市（埼玉県、千葉県、東京都、神奈川県、横浜市、川崎市）首脳会議（首都圏サミット）において、厚生省・運輸省から正式に構想の提案がなされ、以後同会議にて検討されることが決定。以後、計画事業化について首都圏サミットにおいて検討。
1998 年 11 月	七都県市（埼玉県、千葉県、東京都、神奈川県、横浜市、川崎市、千葉市）首脳会議で計画の検討中止が正式に決定。

出所：関係者ヒアリング（2016・2017）から筆者作成。

2　東京湾フェニックス計画検討当初の各都県市の見解

　東京湾フェニックス事業に関係する地方自治体の協議の場として、六都県市首脳会議（首都圏サミット）[165] が活用され、東京湾フェニックス計画の是非について同会議で意見が交わされていた。国（厚生省・運輸省）から首長に対して正式に提案がなされた 1987 年 11 月の第 18 回会議の直後の各首長のコメントは別表のとおりである。埋立海面の拠出が求められる側である港湾管理者の都県市が一様に消極的であることが分かる。とくに東京都はかつての構想で湾中央部の埋立であった計画が、この時点では各港湾区域に分散されたことを問題に

164　この時点での構想は厚生省担当者の論文によれば、埋立位置は「東京湾湾奥部」で 1,200 ヘクタール、2.5 億 m³ となっている。小林（1981：726）。具体的な箇所の明示はないが、本文記述のとおり、千葉県浦安沖が最有力候補だった。また 1998 年 10 月 20 日付け都政新報でも千葉県の「浦安沖に 1,200 ヘクタールの処分場を建設する構想が描かれた時期もあった」との記事もある。

165　会議組織の名称は政令指定都市の増によって変動する。ちなみに検討中止を決定した 1998 年当時は七都県市首脳会議であり、執筆現在は十都県市首脳会議である。

111

第6章−事例分析2　東京湾フェニック事業の不成立

している。また、かつて集中して廃棄物埋立の最有力候補とされた千葉県が強硬に反対している。

表6-2-2　東京湾フェニックス計画にかかる各都県市の見解[166]

埼玉県知事	計画に賛成。できるだけ早く検討を始めるべきだ。
千葉県知事	ゴミは自区内処理が原則。簡単に海面埋め立てを考えるべきではない。
東京都知事	はじめは東京湾の真ん中につくる構想だったがその後、各都県の地先につくろうということになってきた。それなら各都県がやっている。国が特殊法人をつくってやるなら湾のしかるべき所でやった方がよい。
神奈川県知事	いずれパンクする。今からきちんと検討しておいた方がよい。問題を先送りすべきでは済まない。
横浜市長	自区内処理の寿命を可能な限り延ばし、行き詰った時期にきたら検討すべきだ。
川崎市長	素直に激論を交わしたが、毎日の生活の問題であり、いずれ関係者の良識が何らかの結果を生み出すのではないか。フェニックスが動かないうなら市独自の計画を短期間進めなければならない。

出所:第18回首都圏サミット(1987年11月)後の記者会見における各首長のコメント。鈴木(1989：63)から作成。

　このように、東京湾フェニックス事業の具体的な検討が始まるのは、大阪湾側が事業化されて5年後の1987年に、国が関係自治体に東京湾フェニックス事業構想を正式に提案して以後である。

　その後、10年余の議論を経て、最終的には1998年11月、六都県市にあらたに政令指定都市になった千葉市を加えた七都県市(埼玉県、千葉県、東京都、神奈川県、横浜市、川崎市、千葉市)首脳会議にて同計画の検討中止が正式に決定された。

　大阪湾では事業化されたフェニックス計画が、一般廃棄物・産業廃棄物ともに排出量の規模も大きく、より切実に最終処分場を必要としているはずの東京湾ではなぜ事業化されなかったであろうか。

　ここでは、分析するアクターとして計画の可否決定に携わった都県市の行動に注目する。まず、関係する地方自治体間で中心的存在であり、計画に対する動きが最も顕著であった東京都の動向に焦点をあてる。

166　鈴木(1989：63)参照。

112

3 各アクター（都県市）の行動

3.1 東京都の動き

フェニックス構想の是非について検討期間中の東京都の動向を次の4期に分けて見ていくこととする。

3.1.1 傍観期～国の提案（1987年）以前

1978年3月8日、美濃部都知事が本会議質問答弁で、国の広域処分場計画には準備会に参加する等、積極的に検討していく考えを示した。しかしその後1980年12月9日、鈴木都知事は本会議答弁で、1985年度いっぱいで満杯となる現埋立処分場（中央防波堤外側ごみ投棄場）の代りの処分場として、時期的にフェニックス計画で対応することは相当困難で、つなぎとして都が独自に確保せざるを得ない考えを示した。また同時に、直近の六都県市首脳会議で千葉県が同計画に消極的であることを示唆している。

センター法成立（1981年）当時、このように東京都が最終処分を行う中央防波堤外側処分場が1985年に満杯となる見込みであり、自らの処分先（23区のための）の手当てのために、独自で埋立をすすめて埋立処分場を確保する必要があった。

国の当初の構想では、千葉県浦安沖を候補とする大規模集中埋め立てによる処分場の整備が予定されていたが、東京都は広域処理を志向するフェニックス計画を待てない状況であったので、国の構想とは直接の関係はない（賛成も反対もしない）という立場にあった。

3.1.2 反対期～国の提案（1987年）以後

1987年4月の運輸省・厚生省の両省よる東京湾フェニックス計画の構想発表

第 6 章−事例分析 2　東京湾フェニック事業の不成立

によって状況が一変する。東京都が独自に処分先として予定する中央防波堤外
側沖（新海面処分場の予定海域）が東京湾フェニックス計画の処分場の候補と
なったからである。なお当該海域は都の港湾区域内に残された最後の埋立可能
区域であった[167]。

　1987 年 11 月 27 日、第 18 回六都県市首脳会議で東京湾フェニックス計画に
ついて議論され、畑和埼玉県知事、長洲一二神奈川県知事らが同計画の検討に
賛成したのに対し、鈴木俊一東京都知事、沼田武千葉県知事らは安易な同湾内
への埋め立て処理に頼るべきでないと主張した[168]。

　会議後の会見で都知事は、「はじめは東京湾の真ん中につくる構想だったがそ
の後、各都県の地先につくろうということになってきた。それなら各都県がやっ
ている。国が特殊法人をつくってやるなら湾のしかるべき所でやった方がよい。
…あくまでも自区域内処理が原則、できるだけやって、できなくなってから考
えたらどうか。」[169] と発言している。東京都としては、フェニックス計画につい
ての関係都県市の合意を待っていたのでは、中央防波堤外側沖に予定する新埋
立処分場の整備が必要時期に間に合わなくなるおそれがあり、反対の意思を示
すことになったものと思料される。

表 6-2-3　東京湾フェニックス計画基本構想（1987．4）の骨子

海面処分場の規模	数か所に分散し、合計 500 ha 〜 600ha 程度
広域処理の対象区域	都心から約 40 km の範囲（4 都県 100 市区町村）
埋立廃棄物量	約 1 億 1000 万 ㎥（一廃 2,500 万 ㎥、産廃 2,000 万 ㎥、陸上残土 5,000 万 ㎥、浚渫土砂 1,500 万 ㎥）
廃棄物受入期間	おおむね昭和 71 年（1996 年）度から約 10 年間
建設工事費	約 2800 億円
事業主体	関係自治体、港湾管理者の出資により「広域臨海環境整備センター法」に基づき設置されるセンター

出所：鈴木（1989：60）

167　1991 年 11 月 14 日東京都建設清掃委員会、大川委員への今澤ごみ問題緊急対策室長答弁において、
　　新海面処分場が都で埋め立て可能な最後の処分場となる旨の発言がある。
168　毎日新聞 1987 年 11 月 28 日朝刊 参照。
169　鈴木（1989：63）参照。

1989年11月16日、第22回六都県市首脳会議で「埼玉県が強く求めていたフェニックス事業の着手を当分見送り、当面各自治体での自区内処理を徹底させることで合意」がなされたとの報道が見られる[170]。

3.1.3　賛成期～都清掃審答申（1990年）以後

一応見送りとなったものの、埋立免許に影響力をもつ国の港湾審議会[171]（当時）、そしてそれを所管する運輸省がフェニックス推進の立場である以上、フェニックスの候補地と抵触する新埋立処分場を都単独の処分場として埋立許可手続きを進めることには無理があった。また何よりも、新埋立処分場のような大規模埋め立ては、公有水面埋立法で知事の埋立免許にあたり、運輸大臣の認可が必要であった[172]。そこで、以下のとおり代案として新埋立処分場の一部を広域処理に提供するという形が考案されたと考えられる。

1990年11月27日、東京都清掃審議会答申があり、中央防波堤外側沖の新しい埋立処分場も長期間の使用は期待できないとし、他県市との相互援助の方向性を探るべきだと提言した。具体的な方法の例示として、都が新たに整備する埋立処分場に他県市から焼却後の灰を受け入れる代わりに、都内から出る建設残土を当該埋立処分場に持ち込ませてもらうという相互援助方式を挙げた。

1991年1月18日、東京都港湾審議会・海面処分場検討部会は中間報告とりまとめで、中央防波堤外側処分場沖に500ヘクタールのスペースを確保する案（新海面処分場案）を提示した。それに併せて首都圏全体の広域処分の必要性を強調し、都は「運輸省の東京湾フェニックス計画も念頭においていることを否定していない」[173]としている。

1991年7月、東京都環境局は、「廃棄物等の処理処分の長期的展望について」

170　朝日新聞1989年11月17日朝刊　参照。
171　埋立免許の前提である港湾計画変更には中央港湾審議会の承認が不可欠である。2016年現在では交通審議会に改組されている（港湾法3条の3 D）。
172　公有水面埋立法施行令（大正11年勅令第194号）第32条および第32条ノ2により50ヘクタールを超える埋立は国土交通大臣（運輸大臣）の認可が必要である。
173　朝日新聞1991年1月19日朝刊　参照。

115

第6章−事例分析2　東京湾フェニック事業の不成立

を策定した。都の議会説明[174]によれば、これは廃棄物の発生見込みと埋立処分
の計画を示したもので、フェニックス計画あるいは（清掃審答申の）相互援助方
式のような広域処理について検討を進めていくことが盛り込まれている。また、
新埋立処分場を広域処分場としたときのメリットとして、「率先して処分場を広
域処分場として提供することは、将来の東京都の処分場確保を見据えた有意義
な方法だ」と説明している。ちなみに「長期的展望」（前掲）は20年計画であるが、
新処分場が都で埋め立て可能な最後の処分場となるがその寿命は「おおむね15
年」[175]しかもたないとしたうえで、「将来の処分場は広域処理に依存せざるを得
ない」考えを示した。

　この新方針発表後からは新海面処分場は具体的な動きを見せ始める。同時に
新海面処分場に対する江東区の猛烈な反対運動[176]が起こる。江東区民の反対運
動はかつてのごみ戦争のように搬入阻止の実力行使の寸前に至る状況[177]も見ら
れ、ついに都港湾審議会に対し公開質問状[178]を提出し、先の部会報告を受けて
1991年8月に予定されていた最終答申を延期させるに至った[179]。ただ、この
段階で江東区・区議会の反対の理由が、かつてのごみ戦争で都知事が約束した
自区内処理（各区の清掃工場建設の促進）、各区の迷惑の公平負担などが守られて
いないことなど、都内部の廃棄物の問題に限られており、その後の反対の関係
の報道をみても広域処理に関する議論が見られない[180]。結局、江東区の反対は

174　1991年9月17日東京都建設清掃委員会、青木（な）委員への今澤ごみ問題緊急対策室長答弁。
175　1991年11月14日東京都建設清掃委員会、大川委員への今澤ごみ問題緊急対策室長答弁。
176　1991年1月の港湾審議会部会報告において江東区長が新海面処分場に反対表明をし、江東区議会
　　が「安易な建設に断固反対」、「第二次ごみ戦争宣言？」の見出しで知事に抗議文を提出した旨の記事
　　（都政新報1991年1月22日付および7月25日付　参照）。
177　江東区議会清掃港湾委員会が、自区内に清掃工場をもたず、あるいは近隣での清掃工場建設に反
　　対している新宿区や中央区銀座のごみを江東区清掃工場と現埋立処分地に搬入しないよう求めた（都
　　政新報1991年12月3日付参照）。
178　1991年2月15日に江東区議会議長名で都港湾審議会委員あてに公開質問状を提出した。（都政
　　新報1991年2月19日付　参照。）
179　江東区・区議会の猛反発で都港湾審議会が異例の答申延期という見出しの記事が見られる。（都政
　　新報1991年8月6日付　参照。）
180　江東区・都双方に他県市との広域処理問題をあえて避けようとした可能性がある。都はもし議論
　　になれば広域処理が都県市全員の合意が条件だと説明するはずであり、江東区も区民感情を忖度して
　　ごみ戦争いらいの不満の表出の方が重要と考えていたと思われる。ここでの問題を都区内でおさめて
　　おき、広域処理という関東圏全体の問題に関われば収拾がつかなくなるという意思が双方に働いたと
　　思われる。

保留のまま付帯意見つきで 1992 年 5 月、東京都港湾審議会が新海面処分場計画を原案どおり答申した[181]。

1994 年 7 月、東京都港湾審議会において新埋立処分場を含む港湾計画が承認された。

1995 年 5 月に千葉県漁連[182]、同 7 月に江東区[183]との合意が成立した。

1994 年 7 月、東京都港湾審議会において新埋立処分場を含む港湾計画が承認された。

1995 年 8 月、「新海面埋立処分場」（480 ヘクタール）の公有水面埋立法による埋立の出願がなされた。

1996 年 7 月、新埋立処分場の公有海面埋立免許につき運輸大臣の認可[184]がなされ、新海面埋立事業の免許が下りている。結果として都は当面の単独埋立処分場を確保することとなったのである。

1996 年 8 月、新埋立処分場 A ブロックの護岸工事に着手、翌 1997 年 6 月に土砂系（残土など）埋立供用を開始し、さらに早くも翌 1998 年 12 月には廃棄物系の埋立供用を開始している。

一方、広域処理についての動きであるが、相互援助方式による広域処理の提案以後の都議会でのやりとりを見てみよう。

1991 年 9 月の東京都議会建設清掃委員会の席で当局者から「今年（1991 年）六月に開かれました第二十五回六都県市首脳会議におきましては、（略）自区内処理を原則としつつも、単独では処分が困難な地域も存在することを勘案し、相互援助方式を一つの考え方として、都圏域を超える広域処理について検討を進めていくことを<u>一応首脳間におきまして合意されているところ</u>」（括弧内・下線筆者）だと歯切れが悪く消極性すら感じられる答弁をしている[185]。また、1993

181　都政新報 1992 年 5 月 12 日付 参照。
182　新海面処分場の建設には外国船の検疫錨地を千葉県側に求める必要があり千葉県との妥協が成立したが、千葉県漁連の反対が起こり、1994 年 9 月から交渉し 1995 年 3 月に妥結した（都政新報 1994 年 12 月 16 日付および 1995 年 3 月 10 日付 参照）。
183　都政新報 1995 年 11 月 10 日付。
184　1996 年 7 月 5 日に運輸大臣の新海面処分場の認可が下りた旨の記事がある。1996 年 7 月 9 日付け都政新報 参照。
185　1991 年 9 月 17 日東京都議会建設清掃委員会、青木 (な) 委員への今澤ごみ問題緊急対策室長答弁。

117

第 6 章-事例分析 2　東京湾フェニック事業の不成立

年 3 月の東京都議会本会議において鈴木都知事から七都県市首脳会議で「相互援助方式による都圏域を超える広域処理のあり方について検討を進めております。これはひとり内陸だけでなく、あるいは内湾だけでなく、その両方に通じて適当な方法はないであろうかということを検討している」と答弁されている[186]。

　1990 年末から翌年にかけての思い切った東京都の方針変更にかかわらず、検討を継続するという以外、具体的な実現に向けた動きは都内部はもちろん、他の県市にも目立った動きがみられない。むしろ、いつの間にか広域処理の検討期限が決定されるに至っている。

　1995 年 11 月の東京都議会都市環境委員会の席上、当局者から「今回（の七都県市首脳会議は）、東京都が幹事県としてやっておりますけれども、この広域処分場の問題について、平成十（1998）年までに一定の取りまとめを行うということで合意を見てございます。」（括弧筆者註）との答弁がなされている[187]。また、翌 1996 年 3 月の東京都議会予算特別委員会でも、当局者から「広域処理につきましては、ご指摘の東京湾フェニックス計画も含め、七都県市首脳会議において検討を進めておりまして、昨年（1995 年）の首脳会議で、平成十（1998）年を目途に総合的なまとめを行うことで合意しております。現在、この首脳会議の廃棄物問題検討委員会におきまして、このまとめに向け協議を行っているところでございます。」（括弧筆者註）と答弁されている[188]。つまり、1995 年 11 月の七都県市首脳会議において、フェニックス方式を含む広域処理の実施の可否の検討を 1998 年限りとすることが関係都県市間で合意されたということである。1995 年 11 月といえば東京都が新海面処分場の関係先の調整が全て完了し、埋立免許申請[189] に持ち込んだ直後である。この時点で広域処理の検討に期限を設けることにメリットがあるのは誰か。終始、反対の千葉県も考えられるが、苦労の結果得た新海面処分場に広域処理という足かせから解放し都単独の処分場

186　1993 年 3 月 4 日東京都議会本会議、大川議員に対する鈴木知事答弁。
187　1995 年 11 月 2 日都市・環境委員会、木村議員への大久保ごみ減量総合対策室長答弁
188　1996 年 11 月 2 日予算特別委員会 (第 3 号)、清原議員への喜多沢清掃局長答弁。
189　通常、役所が行う申請において却下されることはない。何故なら申請以前に事前審査など関係先すべての調整が完了してから申請することが常だからである。

118

図 6-2-4　東京湾埋立処分場位置図

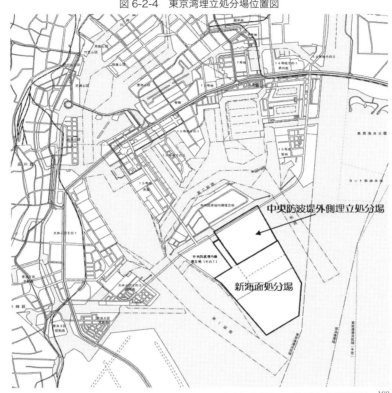

出所：東京都港湾局 HP「埋立処分場位置図」[190]

として長期に確保するという東京都の利益の理由づけが最も現実的である。議事設定など権限のある当該会議の当番自治体が東京都であったことも合わせれば十分考えられることである。いずれにしろ、広域処理について大きな動きが見られぬまま検討期限の 1998 年を迎え、東京都の目論見どおり事は進展していく。

3.1.4　見送り期〜計画検討中止（1998 年）以後

1998 年 3 月 3 日、東京都議会本会議での答弁で、青島知事は、関係自治体に

190　東京都港湾局 HP「埋立処分場位置図」(http://www.kouwan.metro.tokyo.jp/jigyo/plan/umetatekeikaku/、2017 年 10 月 17 日閲覧)。

第 6 章–事例分析 2　東京湾フェニック事業の不成立

より相互に廃棄物を受け入れる広域的な処理体制をつくることの合意がなされた場合には、新埋立処分場の計画地域の一部を（フェニックス計画等の）広域処分場として活用する用意のある旨の方針を改めて示している。都はこの前後、突然、広域処理の庁内検討組織を立ち上げ[191]、関係県市の合意形成に積極的な動き[192]を見せた。また、1998 年 5 月 19 日に開かれた七都県市廃棄物問題検討委員会で 7 都県市の合意を条件に新海面処分場での相互援助方式による広域処理の実行を提案した[193]。

　しかし、結局広域処理にかかる合意は成立せず、1998 年 11 月 18 日、第 39回七都県市首脳会議において検討の中止が確認された。会議では、「都県域を越える広域処分場については、（略）最終処分量の削減効果及び処分場の残余容量や将来見通し等について定期的に調査・検討を行うこととし、その結果、広域処分場の必要性を確認した時点において、その設置について検討・協議を行うこととする」とする報告書を採択し、事実上、東京湾フェニックス事業計画の検討を断念した。都の広域処理案に対する賛否について一定の議論を呼んだ都議会において、フェニックス事業計画検討断念の報告にあたり何等の質問も出なかった[194]。思えばこの直前の 1998 年 5 月に新処分場の寿命がごみの減量化等により一気に 30 年に倍増した報告[195]がなされており、このことが、都議会に広域処理を焦らなくてもよいという思いを抱かせたと考えられる。

　この検討中止にあたって「東京は一安心」という見出しで、「都は肩すかしを食った形となったが、ほっとした空気も流れている」[196]とする報道もなされている。

191　都政新報 1998 年 2 月 17 日付参照。なお、同年 2 月 10 日付の同紙に、都区清掃移管の法改正を人質に、厚生省が都に対して新海面処分場での広域処理の受入れを強く迫り要望した、との報道がある。
192　時の青島知事が小泉厚生相と会談、関係県市の合意形成を前提に厚生省の要望を受入れる旨の回答をした（都政新報 1995 年 2 月 20 日付　参照）。
193　都政新報 1998 年 5 月 22 日付 参照。
194　1998 年 11 月 19 日都市・環境委員会。
195　東京都清掃局・港湾局「廃棄物等の埋立処分計画」1998 年 5 月。これは 1991 年策定の「廃棄物等の処理処分の長期的展望について」を改定したもの
196　1998 年 11 月 19 日朝日新聞。なお、記事は続けて、「そもそも広域処理の暫定案は厚生省からの持ち込みで、2000 年度に東京 23 区を市並みに格上げする廃棄物関係の都区制度改革に必要な関連法案の上程のリミットが近づく中で迫られた条件だった」とする。

120

3.2 千葉県

　千葉県は、フェニックス計画に対して最後まで終始反対の姿勢を貫いた。千葉県は、その理由として、自区内処理原則 と東京湾全体の漁獲生産高の８割を千葉県が占めている漁業への影響を挙げている。一番当初のフェニックス計画構想の段階で、千葉県浦安沖を最有力候補に千葉県に集中して埋立をするという案[197] が検討されたが、千葉県の反対姿勢は、この当初案の影響が大きい。

　1998 年 10 月 5 日の千葉県議会議事録によれば以下の質疑がなされている。

質問（高崎照夫議員）「厚生省は、（廃棄物問題の）解決のため東京湾フェニックス計画を要請しておりますが、本県はどう対応されるのか。」

答弁（白戸章雄環境部長）「厚生省の東京湾フェニックス計画への対応についてでございますが、最終処分場につきましては、一般廃棄物は自区域内処理を原則とし、処分場の延命化や再活用を図りながら県内での広域化等の検討を進めまして、また、産業廃棄物につきましては、排出事業者の自己処理責任の原則により対応すべきものと考えております。廃棄物の処理については、資源循環型社会の形成を目指すゼロ・エミッションの実現に向けた取り組みを推進することが重要でございまして、本県では廃棄物の減量化、再資源化を推進するとともに、新たな技術の導入により、最終処分量の大幅な削減を目指しているところでございます。したがって、東京湾フェニックス計画のような都県域を越える大規模な広域処分場の計画には慎重に対応してまいりたいと考えております。」

3.3 埼玉県・神奈川県

　埼玉県は、内陸県で海がなく最終処分場に困窮し、フェニックス計画推進に

---

197 本章 1-2 参照。

第 6 章–事例分析 2　東京湾フェニック事業の不成立

最も熱心であった。神奈川県も、海岸部は横浜市・川崎市・横須賀市の所管で、その意味で埋立地を持たない内陸県と利害関係を共通する関係からフェニックス計画の推進役を担った。

3.4　横浜市・川崎市

横浜・川崎の両市は、港湾管理者として自ら処分場の確保が可能であって、フェニックス計画に参画すれば自身の埋立海域の提供が必要となることもあって、フェニックス計画に消極的な姿勢を示し続けた。

3.5　その後の東京都の海面埋め立てをめぐる動き

東京都は、1993 年 7 月に「廃棄物等の処理処分の長期的展望について」を策定し、その後 1998 年 5 月に「廃棄物等の埋立処分計画」を策定、以後概ね 5 年毎に見直すこととし、2003 年 1 月、2007 年 1 月、2012 年 2 月、2013 年 12 月の改定を経て、現在に至っている。

その後廃棄物処理の減量化への社会的要請の高まりとともに、2015 年 2 月に東京二十三区清掃一部事務組合が「一般廃棄物処理基本計画」を策定して最終処分量の減量化施策を示すとともに、2016 年 3 月に東京都は 2020 年度までの廃棄物行政の基本的な方向を示した「東京都資源循環・廃棄物処理計画」を策定した。

こうした背景を受けて、東京都は都市機能の維持発展のために廃棄物等を処理する埋立処分場を確保していくことが必要不可欠としつつも、新海面処分場の後、東京港内に新たな埋立処分場を確保することは困難との判断から、現在の埋立処分場を長期間にわたって延命する必要があるとの考えに基づいて、「廃棄物等の埋立処分計画」[198]（2017 年 2 月策定）によって、廃棄物等の種類や量、

198　東京都港湾局 HP「廃棄物等の埋立処分計画」参照。(http://www.kouwan.metro.tokyo.jp/jigyo/H29.2umetatesyobunkeikaku.pdf、2017 年 10 月 23 日閲覧)。

122

図 6-2-5　中央防波堤外側地区・新海面処分場

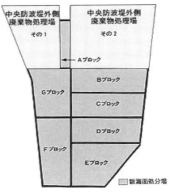

出所：東京港埠頭株式会社 HP[199]

受入方針などを定めるともに、廃棄物等の減量化や有効利用を進めて、処分計画の見直しを図っている。（東京都港湾局 HP「廃棄物等の埋立処分計画」参照。）ここで明確なことは東京都が相互援助方式による広域処理を覚悟した 1991 年当時から比べても、廃棄物発生量の減少で新処分場に十分な余裕が見られることである。

表 6-2-6 東京都「廃棄物等の埋立計画の概要」（2017 年 2 月策定）

1. 計画期間　平成 29 〜 43 年度（15 年間）
2. 廃棄物等の処理別受入方針

種　類		受入方針
廃棄物系	一般廃棄物	区部から発生する一般廃棄物は、中間処理を行うことを前提に、減量・資源化を最大限図った上で全量受け入れる。
	産業廃棄物	都内中小企業から排出される産業廃棄物については、中間処理したもののうち、都の処分場の受入基準を満たすものに限り、一定量を受け入れる。
	都市施設廃棄物	都の上・下水道施設等から排出される上水スラッジ・下水汚泥等については、中間処理を行うことを前提に受け入れる。
土砂系	しゅんせつ土	都内の河川及び東京港内から発生するしゅんせつ土については、事業の公共性から、有効利用できるものを除いて受け入れる。

199　東京港埠頭株式会社 HP。(http://www.tptc.co.jp/effective/disposal、2017 年 10 月 23 日閲覧)。

第6章−事例分析2　東京湾フェニック事業の不成立

	建設発生土	都内の公共事業から発生するものを優先し、処分場の基盤整備に必要な量を受け入れる。

3.埋立処分計画量

廃棄物等の種類		平成 29 〜 43 年度（15 年間）	
		埋立処分量（万 ㎥）	埋立処分量（万 t）
廃棄物	一般廃棄物	217	392
	産業廃棄物	135	135
	都市施設廃棄物	229	274
覆土材等		117	209
廃棄物系小計		698	1,010
しゅんせつ土		1,323	1,852
建設発生土砂		570	1,026
土砂系小計		1,893	2,878
合計		2,591	3,888

出所：東京都港湾局 HP[200]

4　分析

　東京都による最終的な広域処理の提案は、広域連携として処分場に海面を提供する分だけ、都自身の埋め立て可能な海面が減るデメリットがあった。その分は、将来の他の自治体（主として想定されるのは千葉県）が管理する海面の埋め立てによって返してもらうという目論見とみられるが、何分将来のことであるので他の自治体からの確約が得られようもなく実現の成否は不確実であった。また当該提案内容で、広域処分場として関係者の合意がとれるのかも不確実であった。

　この二つの不確実性と広域処理場の確保という国の政策構想とのジレンマの中で、都は自らの埋め立て権益を一部放棄して、新処分場の一部を広域処理場として提供するというある意味思い切った提案に踏み切った。

200　東京都港湾局 HP「廃棄物等の埋立処分計画」参照。（http://www.kouwan.metro.tokyo.jp/jigyo/plan/umetatekeikaku/index.html、2017 年 10 月 23 日閲覧）。

しかしその一方で、最悪の事態として東京都が計画している新処分場の全域が、国の事業進捗への圧力を受けて東京湾フェニックス事業の広域処分場にならないために取らざるを得なかった方法であったとも言えよう。

都は、フェニックス方式でなく、相互援助方式という新提案をおこなっている。フェニックス事業は、海面埋め立てを受け入れる自治体にとっては焼却灰の受け入れだけを行い、(埋め立てた土地が手に入るにせよ)、他方埋立海面を提供せずに広域処理場を利用できる自治体にとっては特段の負担なく利用だけを行う(利用料を支払うものの処分費は当然必要)という片務的な関係である。相互援助方式は、焼却灰を受け容れる見返りに建設残土の受入れを要求するという双務的な関係である。それだけ個別のケースごとに負担の調整が複雑であり、金銭処理が可能なフェニックス方式と比べて格段にハードルが高いものである。そのことを意図したか否かは明らかでないが、新処分場での広域処理が無限定に拡大することを防ぐ担保として機能したことは間違いなく、結果として首都圏の広域処理が頓挫することとなった。せっかくの都の広域処理提案はついに実現することなく終わった。相互援助方式は、地方自治体間の片務関係(互譲)を双務関係として再構築する(ネットワーク組織化)ところに難しさがあった。東京湾では、関係都県市間にこの隙間を埋めるにたる十分な信頼関係が構築されなかったと言えるだろう。

5 含意

5.1 東京湾フェニックス事業の不成立要因

東京都の行動は、表面的には単独処理と広域処理の間で揺れ動いたように見えるが、実は自らの埋立処分場の確保のために一貫して行動している。東京都の広域処理の提案である相互援助方式は一方的な互譲ではなく、文字通り建設残土の受入れを求めるという双務的な取引関係を指向するものであった。その

第 6 章−事例分析 2　東京湾フェニック事業の不成立

ため双方の利害調整など煩瑣な手続きが求められ、実現性に難があり、他自治体の賛同を得られにくいところがあった。そればかりかむしろ、都にとって最後の埋立地を東京都が独占するためにフェニックス事業の成立を抑え込む奥の手であった可能性もある。

　最も広大な埋立可能海域を有する千葉県は、自区内処理原則を反対の理由に挙げているが、廃棄物の県外処理が都道府県別で全国で 2 番目という状況のなかでは説得力に欠けている。ただ東京湾内の漁業が最も盛んな千葉県にとって、漁業への影響が危惧される海面埋め立ては簡単に呑めない提案でもあった。それだけでなく。東京都をはじめ他の有力自治体との力関係の中で、所管する埋立可能な海面を持つ、という理由から千葉県ばかりに廃棄物を持ち込まれても損をするという意識が作用した可能性もある。

　いずれにしろ、圏域の図抜けたトップリーダーである東京都、最も広大な埋立可能海域をもつ千葉県のどちらもが広域処理に消極的であったことが不成立の第一の原因となった。フェニックス事業の構想が提案された当初の段階で、東京都か千葉県のどちらかが埋立海域の提供をしておれば、東京湾フェニックス事業が大阪湾フェニックス事業と同様に成立した可能性が高い。

5.2　大阪湾・東京湾両フェニックス事業の比較

　東京湾フェニックス事業と大阪湾フェニックス事業の計画プロセスを比較した場合、両者の共通点、差異点として考えられるものに以下のものがある。

　第一は、両事例ともに、海面埋立許可権限をもつ港湾管理者の意思が事業の成否に大きな影響力を持っていたことである。

　東京湾では東京都、千葉県、横浜市、川崎市、横須賀市の 5 つの港湾管理者[201]があるが、そのうちの広大な港湾区域を有する 2 港湾管理者（東京都、千葉県）が事業推進に反対ないし静観の態度をとった。大量の廃棄物を生み出す東京都

201　木更津港の港湾管理者は千葉県である。

は自らの処分場の確保するためフェニックス事業への態度が揺れ動いた。千葉県は、広い港湾区域を持ちながらも漁業関係者も多く、埋立によって発生する経済的・政治的リスクを危惧して終始反対の姿勢を貫いた。

これに対して、大阪湾には大阪府、兵庫県、大阪市、神戸市の４つの港湾管理者があるが、４港湾管理者ともに終始一貫して事業推進に賛成の立場を貫いた。その最大の理由は瀬戸内環境保全特別措置法[202]（昭和48年10月2日法律第110号）による埋立規制の緩和に共通の利益を持っていたことである。

大阪湾の都市部沿岸は、先の瀬戸内環境保全特別措置法の「大阪湾奥部」[203]としてとくに埋立を抑制すべきこととされ、「公害防止・環境保全に資するもの、水質汚濁防止法による特定施設を設置しないもの又は汚濁負荷量の小さいもの」という留意事項に該当しない埋立は抑制されるものとされていた[204]。現に埋立計画を含む港湾計画を審議する港湾審議会において環境庁の異議により埋立申請が差し戻された３つのケースはいずれも瀬戸内海がらみであった[205]。このように大阪湾での埋立は「公害防止・環境保全に資するもの」以外は困難で、港湾用地等の整備を構想する自治体にとって埋立てが容易となるフェニックス事業は事業推進のメリットがあった。

第二に、東京湾フェニックス事業の推進において、廃棄物処理における自区内処理原則が一定の規範として機能し、アンチ広域処理の方向に働いたことである。

一般廃棄物処理に関する事務の性質は、市町村固有の自治事務として長い歴史を有するものである。そのため、自区内処理原則が適用される地域は都府県にまで拡大されるのか、また自区内処理原則が適用される範囲は最終処分地の決定まで及ぶのかの問題を未解決のまま、フェニックス事業への参加はあくま

202　前身は、時限法として成立した瀬戸内海環境保全臨時措置法である。1978年に法律が改正され、恒久法となっている。
203　大阪府泉南郡阪南町男里川河口左岸から兵庫県神戸市須磨区妙法寺川河口右岸に至る陸岸の地先海域。
204　「瀬戸内海環境保全臨時措置法第13条第1項の埋立についての規定の運用に関する基本方針について」（昭和49年6月18日環境事務次官から各瀬戸内海関係府県知事・各政令市長あて、通達環水規127号）。
205　久野武「『瀬戸内法行政』史的総括・試論─埋立をめぐる考察を中心にして」『生きてきた瀬戸内海』瀬戸内海環境保全協会 2004.3、p.7参照。(http://www.prof-h.net/env/pdf/env_shucho_5.pdf、2017年10月20日閲覧)。

127

第6章-事例分析2　東京湾フェニック事業の不成立

でも希望する地方自治体の任意に委ねられた。その結果、広域処理によって不利益を被ると考える自治体の意向が自区内処理原則を掲げて反対の意向を明らかにすることで、最終的に事業の成否を決した。

第三に、大阪湾フェニックス事業に関わる自治体グループと、東京湾フェニックス事業に関わる自治体グループの廃棄物の広域処理に関わる意識の差が事業の成否を左右した。

当初公団方式という国の階層（ハイアラキー）組織を前提にして計画された大阪湾フェニックス事業であったが、大阪府・兵庫県の自発的な動きを中心として、大阪湾を網羅する4港湾管理者全てが参加し、埋立海面を提供の意思を示すことで、関係自治体間に互酬関係が生まれ、廃棄物処理をめぐる広域連携の実質が水平的なネットワーク組織へと変化していった。

他方、東京湾フェニックス事業の場合、国からの提案で検討が始まり、「国から言われたからやる」という国と地方のハイアラキー構造を引きずったままで、最後まで自治体間の連携の動きが見られなかった。反対期の都知事の「国がやったらよい」の発言（本章2参照）がそれを物語る。また国への配慮で東京都が広域処理に賛成した時期でも、東京都が示した案は相互援助方式という市場取引の形での賛成であって、互酬による共同利益の実現を目指したものではなかった。

広大な港湾区域をもつ千葉県と東京都が率先して埋立海面を提供すればフェニックス事業が成立した可能性は高い。ネットワーク組織の成立要件である互酬性の有無が、廃棄物の広域処理における水平的なネットワーク組織の形成を左右したとも言えよう。

第四に考えられることは、港湾管理者以外のメンバーすなわち排出者の状況と動向である。廃棄物の最終処分をめぐって、排出者サイドもその希望はともかく、近畿圏と首都圏は異なる結果を選択したわけである。廃棄物の最終処分先の確保が困難であることは各市町村によって程度の差はあっても、都市圏という立地性からは当然同じであって、短期的には広域処理が効率性において優位であることは間違いない。それは運搬コストというデメリットを差し引いても、経済性があると判断されることを示す。さらに、将来にわたって安定した

128

処分先を確保するという得難いメリットも勘案されてのことである。近畿圏において、159市町村が参加をしてフェニックス事業が開始され広域処理の効率性を重視し、極めて実利的で経済合理性に忠実にふるまった。

一方、首都圏では、それぞれの都県市の処分先事情が異なり種々の思惑がからむなか、広域処理実施の合意に至ることはなかった。その背景として考えられることが、ごみ（一般廃棄物）の発生量の変化である。

別表のとおり、東京湾フェニックス計画が関係自治体に提案された1987年はごみが急激に増加した時期であった。当時、東京都が埋立処分場が満杯になることをしきりに懸念していることは事実であり、1990年に処分先の確保のためには反対姿勢を翻し、敢えて広域処分場を兼ねてでも自己処分場の確保に奔ったことは合理的である。ただ、目的は、まず第一に国の同意を得て新処分場の埋立許可を取ることであったと考えられる。

ここで問題となるのは、東京都が広域処理賛成に変わった時点で、なぜ関係自治体が合意に至らなかったのか、ということである。徹頭徹尾、反対の千葉

図6-2-7　ごみ総排出量と1人1日あたりごみ排出量の推移

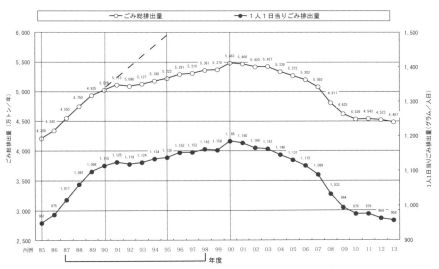

出所：環境省「日本の廃棄物処理」25年度版　p.3から　一部修正

第6章–事例分析2　東京湾フェニック事業の不成立

県はともかく埼玉・神奈川県は広域処理を希望していた。ここで考えられることは、90年以後、バブル崩壊とともにごみの増加が急激に歯止めがかかったことである（別図参照）。2、3年の統計上のタイムラグがあるにしても、処分先の確保の緊急性が低下した。

　例えば東京都のケースでみると、1991年7月新海面埋立処分場の建設が急務とされた時期、東京都環境局の発行した「廃棄物等の処理処分の長期的展望について」では従来のごみ増加のトレンド（統計実務上のタイムラグを加味して）から判断して、約500ヘクタールの新埋立処分場が計画どおりできたとしても、「おおむね15年」[206]しかもたないとされた。これが都が新海面処分場を整備の緊急性と将来の他県市との広域処理もやむなしとした理由であるし、逆に都単独の処分場として少しでも長期に確保したいという動機にもなった。しかし、1996年7月に運輸大臣の新海面処分場の認可が下りた時点で同処分場の寿命は20年とされている[207]。さらに1998年5月の東京都清掃局・港湾局 共同の報告書「廃棄物等の埋立処分計画」[208]によれば同処分場の寿命は「30年以上」にまで延びている[209]。そして最新では2017年2月改訂の「廃棄物等の埋立処分計画」によれば「50年以上」と推計されている[210]。

　このごみ発生の急増状況が収束する時期が東京湾フェニックス計画の検討時期であり、このことが、他県市にも影響した。さらに、東京都の提案が相互援助方式ということで見返りの協議もハードルになった。そこで1998年の首都圏サミットでの検討断念が決定される。ただ、ごみの発生量が将来、変動すれば検討を再開するとし、発生量のモニタリングが条件となっている点は、発生量の動向が意識されたことを如実に物語っている。しかし、その後は環境意識の高まりもあり、ごみが全体として減少傾向になり再開の目がなくなった。

206　1991年11月14日東京都議会建設清掃委員会、大川委員への今澤ごみ問題緊急対策室長答弁。
207　都政新報1996年7月9日付 参照。
208　これは1991年策定の「廃棄物等の処理処分の長期的展望について」を改定したものである。
209　都政新報1998年5月22日付 参照。
210　東京都環境局HP よくある質問　中央防波堤埋立処分場「中防の埋立処分場は、あと何年くらいすると、一杯になってしまうのですか。」参照。(http://www.kankyo.metro.tokyo.jp/faq/resource/chubou/rekishi/answer_01_06.html　2018年5月30日閲覧)

以上のことから、ごみが長期的に増加傾向にあって効率化を優先した関西と、利害調整の間に広域処理の必要性が低下した首都圏の構図が見えてくる。

　第五として1999年当時のセンター常務理事であった三本木（1999）の見解を取り上げる。それはセンター事業成立の背景であるとして、「近畿圏の特長」を5つ挙げている。まず、①近畿圏は古来より集権的な政治体制がとられてきたことにより、他の地域と比較して、生活、文化、経済とも一体的でまとまりがあること（近畿はひとつの観念）、②に集権的な体制は、一方において必然的に効率を追求する結果、地域の機能が分化・専門化し、その結果、地域間の協調体制がとりやすいこと、③として民間と公共セクターの役割分担が比較的明確である中で貴重かつ広域的な環境資源である瀬戸内海を利用することは真に公益的なものでなくてはならず、その実施も公共セクターでなければならないとの認識が広く一般的であること、④は一般に経済合理性の感覚が徹底していること、最後に⑤都市計画をはじめとして居住環境の整備に並々ならぬ先行投資をしてきていること、などである[211]。実証性はともかく示唆に富んだ見解である。

　最後に近畿圏を構成する有力自治体の構成の問題も考えられる。つまり、各圏域自治体をひとつの集団とみなして、コアメンバー間の権力（パワー）構造による東西のパフォーマンスの差異に注目する。

　まず、前提として、首都圏のコアメンバーは東京都のガリバー構造、近畿圏のコアメンバーは大阪府・兵庫県の二頭制だと仮定する。フェニックス計画の各コアメンバーをとりまく条件は、ひとつが外圧としての国であり、フェニックス事業の実現を要求し、積極的に関与してこようとする。もうひとつは他のコアメンバーや通常メンバーであるが、外圧としては弱い。フェニックスができればありがたい（港湾管理者は消極的）、という受身的姿勢で臨んでいる。結果としては、財政力が豊かで国の圧力に対して抵抗力のある東京都は、時に国に対して迎合的姿勢を示しながら、結局自らの意向（都単独の埋立処分場の実現）のため、事業断念に持ち込んだ。一方、東京都ほど財政力がなく国の意向をふま

211　三本木（1999:11-16）参照。

第6章−事例分析2　東京湾フェニック事業の不成立

えつつ実利を追求する近畿圏のツートップは、国に対して共同して協力し、他のメンバーに対しては人気取りのため対抗上、事業を推進した。

このように、それぞれの圏域の都市間の関係を国際関係[212]とみなし、国の圧力を外部条件としてみたとき、一強構造の首都圏が結局、一強の意向が完全に反映された状況（ハイアラキー）になり、二強構造の近畿圏が他の構成メンバーの利益を考慮した状況（ネットワーク組織）となることが説明できる。

図 6-2-7　東京湾の港湾区域図

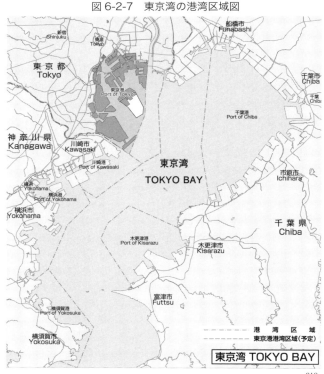

出所：東京都港湾局 HP[213]

---

212 ウォルツ（1979）参照。
213 東京都港湾局発行「東京湾便覧 2018」より
　（http://www.kouwan.metro.tokyo.jp/pamphlet/2018.html）

第6章–事例分析3
大阪湾フェニックス事業のスキーム変更

1　スキーム変更の経緯

1.1　スキーム変更の事案概要

　港湾管理者が護岸を建設し、その中に自治体・民間事業者が廃棄物を埋め立て、出来上がった土地を無償で港湾管理者に引き渡すというのが、大阪湾フェニックス事業の当初の事業スキームである。1982年の事業開始以来、このスキームに従って事業が行われてきたが、2000年以後に港湾管理者から負担の不均衡が指摘されるようになった。それは、環境法制の厳格化によって埋立てた土地の利用の制約が明らかになり売却による資金回収が困難になったことがある。当初は大きな議論にならなかったが、2010年前後にはセンター理事会などで港湾管理者の不満、反発が目立つようになった。折から、次期フェニックス事業の候補地選定が日程に上るに至り、港湾管理者の不満解消が必要になってきた。さらに、現行の2期事業の運営上、産業廃棄物枠が枯渇する事態が生じ、解決策として余裕のある一般廃棄物枠から容量の移管をするため、基本計画の変更が必要となった。基本計画の変更のためには、港湾管理者の同意が不可欠であり、このためにも、センターとしても港湾管理者との関係改善が急務となった。議論の結果、現在事業が進行している2期事業（大阪沖・神戸沖　全域が管理型処分場となる）[214]について、2012年度から排出者である自治体・民間事業者がセンター

214　1期事業（泉大津沖・尼崎沖）は安定型処分場の範囲が広く、既に埋立もほぼ完了した状態であった。

133

第6章−事例分析3　大阪湾フェニックス事業のスキーム変更

に支払う料金に上乗せするかたちで、センターから港湾管理者に護岸使用料を支払うというスキームの変更が行われた。

1.2　事実の経過

2005年1月　4港湾管理者から国土交通省及び環境省に対し、廃棄物処分場の跡地利用の制約が増大したことにより、跡地利用という港湾管理者のメリットが大幅に低下したための「事業スキーム改善」等の要望がなされた。

2009年8月　4港湾管理者から国土交通省及び環境省に対し、「港湾管理者の財政負担の軽減」の要望がなされた。

2011年3月　4港湾管理者から国土交通省及び環境省に対し、廃棄物埋立護岸の使用料徴収など「港湾管理者の財政負担の軽減」等の要望がなされた。

2011年夏　センターが港湾管理者と交渉を開始し、同時に国（両省）、府県・市町村協議機関（促進協議会）、各府県産廃協会への根回しを行った。概ね秋から年末にかけ大筋合意が図られた。

2011年12月　センターから排出者へ港湾管理者の負担軽減のための2012年度から3年ごと3回の値上げの正式告知がなされた。

2012年4月　スキーム変更の実施として、第1回目の値上げが行われ、港湾管理者への護岸使用料の支払いが開始された。

2　スキーム変更の具体的内容

2011年に関係者で合意し、2012年に実施された事業スキームの変更は以下のとおり[215]である。

①広域処理対象区域の排出事業者は、財政負担の公平化の観点を踏まえ、不動

215　大阪湾広域臨海環境整備センター（2011：6-7）参照。

産鑑定評価基準改正によって管理型であるために減少する土地評価額に相応する額として530億円を負担する。

②負担の方法としてはセンターが護岸使用料として排出量（埋立量）に応じて港湾管理者に支払い、その相当分をセンターが料金に上乗せして排出者から徴収する。

③このため、センターは2012年度から3年ごと3回の料金改定を実施する。改定額は品目を問わず各回、トンあたり1,700円（消費税別）とする。

④センターは基本計画の変更を行い、2期事業の計画期間を6年間延伸し2027年度までとし、一般廃棄物と産業廃棄物の同時埋立完了を目指すため、一般廃棄物枠（一廃枠）のうち450万㎡を産業廃棄物枠（産廃枠）に移行する。

なお、この間のやり取りは大阪府議会の議事録に公式に記録されている。大阪府議会での当局者から以下の答弁[216]が見られる。「二期事業は、平成十三年（2001年）の神戸沖埋立処分場の受け入れ開始によりスタート」し、その後に不動産鑑定評価基準が改定され、廃棄物処分場跡地の土地評価額が減少するということになったため、「その土地の評価額の減少分について、市町村や民間産業廃棄物排出事業者がフェニックスセンターに処分料金として支払い、さらに、同センターが護岸使用料として港湾管理者に支払うという仕組みを、種々検討の末、関係者の合意を得て、平成二十四年（2012年）度から実施」（括弧内筆者註）をしたと述べられている。

　2期事業のスキーム変更に至る前の3度にわたる国への要望のなかで、港湾管理者が挙げる負担改善要望の理由はつぎのとおりである。「循環型社会の推進による最終処分量の減量化等により埋立て期間が大幅に延伸され、土地処分時期が遅れていることに加え、廃棄物の処理及び清掃に関する法律（廃棄物処理法）や不動産鑑定評価基準の改定など、主として管理型処分場を中心に、廃棄物処分場を取り巻く社会環境が計画当初に比べて著しく変化しており、計画どおり埋立て造成された土地の売却益により廃棄物埋立護岸建設費の償還に充てるだ

216　2014年3月13日大阪府議会環境農林水産常任委員会　青野議員への田邉資源循環課長答弁。

第6章–事例分析3　大阪湾フェニックス事業のスキーム変更

けの残余が見込めない状況になっている」（2011年3月9日付要望書抜粋）。要望内容と比べれば、実際のスキーム変更では土地評価額の減少分が認められ、埋立期間の延伸に伴う金利負担の上昇は評価されなかったと考えることができる。

　このように2期事業のスキーム変更は、基本的なフェニックス事業のスキームの中で、港湾管理者の被る損失、とくに土地評価額の減少という現時点で確定しているマイナス分だけを補てんしたものと考えることができる。それは、港湾管理者にとっては積み残しの課題があるという評価となる。金額的にいえば、530億のうち、埋立残量と値上げ時期[217]から想定される神戸市の受入額の総額は180億程度であるが、これは神戸市の当局者が2011年当時の市議会答弁[218]において「最終的な神戸市の負担額は恐らく360億円程度になる」という想定を示していることから、少なくとも神戸市にとっては当初要求していた港湾管理者の負担の半額だったと評価できる。これは、港湾管理者とセンター及び排出者サイドとの交渉の結果、港湾管理者への負担の割合として半分程度として決定されたものと考えられる。

　なお、これらスキームの変更の内容は、2011年10月にセンターが作成し関係団体に送付した『大阪湾圏域広域処理場基本計画（案）概要説明書』[219]の本編でなく、別紙に記載されている。同じ別紙の最後に、「3期フェニックス事業への取組」と題して次の表記が見られる。

　「港湾管理者は、大阪湾圏域における廃棄物処理に支障の無いよう、事業地を大阪湾内で確保する。そのため、大阪湾広域処理場整備促進協議会は、大阪湾センターと連携しながら、3期事業の必要性について関係者の理解を求め、3期事業に必要な規模・時期などについて検討を進めるとともに、財政負担の公平化の観点のもと、港湾管理者と排出団体等が合意出来る新たな事業スキームを構築する。」

217　値上げが3回に分けて実施される結果、港湾管理者の受け取る護岸使用料も後になればなるほどトンあたり単価は上昇し、事業後発の大阪市の受取額が増えることになる。
218　2011年7月28日　神戸市議会港湾交通委員会　あわはら議員に対する岡口みなと総局長答弁。
219　『大阪湾圏域広域処理場基本計画（案）概要説明書』(http://www.pref.shiga.lg.jp/shingikai/kankyo/haiki/files/20111130-2.pdf、2017年9月30日閲覧)。なお、同別紙は2011年11月30日開催の滋賀県環境審議会廃棄物部会会議資料に偶々添付された参考資料である。

このことは、2期事業のスキーム変更が3期事業を意識して新たな事業地の確保のために行われたことを示すが、それは、3期事業の実施にあたっては、さらなる負担の公平化を図る新たな事業スキームの構築が条件であることがうかがえる。また、それが港湾管理者の積み残した課題、すなわち事業遅延に伴う負担の適正化に照応するものだと言えよう。

ただし、当該文書[220]はあくまで、センターが作成した基本計画書に付随した文書に過ぎず、関係自治体を法的に拘束するものではない。しかし、関係自治体間において相互の信頼関係のもとで共有された事項であることは間違いない。

3　各アクターの行動

3.1　港湾管理者

2期事業である神戸沖・大阪沖処分場は1期事業（尼崎沖・泉大津沖処分場）と異なり、埋立区域全域が管理型処分場であり、がれき・コンクリートがらなどの安定型処分場と比べ、センター法制定以後の環境法制上の厳格化から早期の土地利用が困難になるなどの問題が発生した。

長期間にわたって土地売却ができないため、護岸整備費を起債に依存する港湾管理者にとって過度の財政負担となる。そこで港湾管理者は負担の公平化を主張し、護岸使用料の新設の提案を行った[221]。しかし、センターをはじめとして関係者が動かず、2011年夏の交渉開始まで、港湾管理者・排出者・センターの間は微妙な状況となっていた。

220　この別紙が特段秘匿された形跡はないが、一般には本編までが公表され、他は口頭による解説という取扱いがなされたものと考えられる。
221　2011年3月9日付要望書に「護岸使用料の徴収」の語がある。提案じたいはそれ以前からなされて協議されているが、具体化は2011年度に入ってからである。

第6章−事例分析3　大阪湾フェニックス事業のスキーム変更

3.2　センター

　センターは、当初見直しに慎重であったが、①次期事業の着手のタイムリミットがせまってきたこと[222]、②基本計画の中で産廃枠が不足し[223]、速やかな改定が必要となりそのためには港湾管理者の同意が不可欠であること、などから港湾管理者との問題決着が迫られるようになった。

　2011年度になって、センターと港湾管理者との交渉の結果、同年夏ごろ、センターは護岸使用料の支払に応じる決断をし、その実現のため排出者など関係者の説得を行うことになった。

3.3　国

　国土交通省は港湾管理者の護岸使用料提案を支持したが、環境省は排出者サイドの立ち位置から、当然賛成する立場ではなかった。フェニックス事業の関係者間で使われていた言葉で「ハイリスク・ハイリターン」[224]があり、その意味は港湾管理者は当初の基本スキームに納得してフェニックス事業に参加したものであって、その後の事情変化は当然甘受すべきという考え方であった。ただ国も地元自治体の合意が最優先と考えており、参加自治体全ての同意がネックとなったが、その後関係者全員の同意が得られることになってスキーム変更が可能となった。

222　1期（尼崎沖・泉大津沖両処分場）、2期（神戸沖・大阪沖両処分場）に代わる新しい処分場の計画を立てる必要があった。処分場の箇所決定から計画手続き変更、埋立護岸の設計・施工、そして供用開始まで前例から見て10年かかるものと言われており、神戸沖埋立処分場の埋立て完了時期を考慮すれば、2015年頃までの箇所決定が必要と考えられた。
223　産業廃棄物の計画枠が2013年度途中で満杯になる予測があり、余裕のある一般廃棄物枠の一部を産廃枠に移す必要があった。結局、関係者間での協議調整の結果、450万m³の枠の移行が行われた。
224　ここでいう「ハイリスク」は計画時点では予測できなかった社会経済情勢や環境の変化、また、「ハイリターン」とは護岸整備費の負担だけで土地が入手できるという意味である。

3.4 府県

　近畿6府県と主要市で構成する促進協の事務局として大阪府と兵庫県が各府県と市町村の意見を取りまとめる役割を持っていた。2005年の港湾管理者の問題提議以降、継続的に協議されるが具体化に至らなかった。その結果として、府県は2011年夏からのセンターと港湾管理者の交渉を踏まえ、これをフォローする役割となった。府県は基本的にセンターと同行して、国・市町村に対するスキーム変更の根回しを行った。

3.5 市町村

　スキーム変更によって護岸使用料の負担による料金改定（の応諾）というデメリットを受けるのは市町村である。さらに後述のとおり産業廃棄物処分枠（産廃枠）の捻出のために各市町村の一般廃棄物処分枠の供出が求められる状況もあった。しかしながら結果として受入れられた。そこには、市町村において、事業発足時と比べてフェニックス事業への依存度が格段に高まっていることが背景にある。

　スキーム変更において基本計画の変更が行われるが、その際、一般廃棄物の計画枠から産業廃棄物の枠に450万㎥の移行が含まれている。これは、「ミニバブル」といわれた都市部での建設ラッシュにより2007年度に産業廃棄物の搬入が計画の3倍になるなどにより、産業廃棄物がの枠が不足し、当時の現状のままいけば、3年程度で産業廃棄物の計画枠が満杯になり、受入ができなくなるリスク[225]があったためである。その社会的影響も大きいことから比較的余裕のあった一般廃棄物の計画枠から、一般廃棄物・産業廃棄物の埋立同時終了になるよう変更する必要があった。

225　読売新聞2011年5月23日夕刊、大阪支社地方版1面「近畿の産廃3年後満杯　大阪湾埋立地」参照。

第6章−事例分析3　大阪湾フェニックス事業のスキーム変更

　この点も、市町村にとっては、向後毎年の一般廃棄物の搬出を一定量[226]削減する必要があり、料金値上げとともに厳しい条件変更であった。現実には、値上げよりも搬出枠削減の方に抵抗があったが、次期計画のために必要ということで全市町村が同意した。

3.6　民間産廃業者

　民間産廃事業者の間では、料金が直接営業に関わるだけに値上げ反対の声は大きく、説得に年末ちかくまで時日を要した。センターが業界を代表する各府県産廃協会に粘り強く説明し、最終的に合意が得られた[227]。
　理解を得るための理由とされたのは、フェニックス事業の長期的安定的な運営、とくに次期フェニックス計画地の確保のためには港湾管理者の理解と協力が不可欠であることであった。その際、産廃事業者が一方的に不利益にならないように、当面の産業廃棄物枠（産廃枠）不足への対応や産業廃棄物（産廃）・一般廃棄物（一廃）同額値上げが重要な説得材料となった。同時にこの合意の成立は、大阪府・兵庫県などの産廃事業者にとって、もはやフェニックス事業はなくてはならぬものになっていることを示すものとなった。

4　分析

　スキーム変更の構図は、長年にわたり負担の公平化を訴え続けてきたものの実現せず厳しい姿勢を示す港湾管理者と、長期的(次期事業地の確保)にも短期的(産廃枠不足)にも港湾管理者との折り合いが必要になったセンターの両者の交渉が

226　削減目標としては、2010年度に2期処分場延命のため促進協で決定されたフェニックス圏域の各市町村の減量化目標に基づき進められた。
227　この場合の合意は法律上の必要性があるものではないが、顧客としての産廃業者との円満な関係を保つ意味では重要な意義がある。また、産廃事業者が国にとっての有力な圧力団体であることから、国との調整の面でも不可欠なものであった。

中心であった。そして、その結果を直接の負担増となる排出者である市町村と
産廃事業者が応諾するかがネックとなった。結果としては、排出者である市町村・
産廃事業者が理解を示し決着した。これは次期事業も見据えた関係者の暗黙の
コンセンサスによるものと考えられる。

　ここで重要なことは、ゲームの途中でルールを変える、という特別なことが
行われたことである。フェニックス事業のように国が企画したスキームで、多
数の地方自治体と民間産廃事業者を巻き込んだ大規模な事業の財政の仕組みが
変更されることは珍しい。しかも国のスキームは国土交通省（港湾事業サイド）
と環境省（廃棄物事業サイド）が入念に擦り合わせて作られたスキームである。

　当然ながら、スキーム変更に対する抵抗があった。国では、港湾事業サイド
に立つ国土交通省は護岸使用料の設定を含めて賛成したが、廃棄物事業サイド
に立つ環境省はその立場上当然ながら賛同できなかった。反対する関係者の意
見は、港湾管理者は事業開始にあたって当初の事業スキームを理解し納得の上
で参加したはずで、その後の事情変化は長い事業スパーンの中で当然予測され
るものであって受忍すべきものだという考え方である[228]。しかし、国も地元の
合意が優先されるという立場であり、廃棄物事業者がすべて賛同すれば反対は
しないという立場であった。

　そこで事業の円満な継続を重視したセンターと府県が市町村を説得し、料金
値上げの応諾と排出枠の供出の合意をとりつけた。またセンターが民間産廃事
業者を説得し、料金値上げの合意を得た。その結果関係者全員の同意のもとに
スキーム変更を了承することで決着した。このように大阪湾フェニックス事業
では、基本スキームの変更がセンターとこれを構成する全ての自治体によって、
自発的、自主的に行われている。

　なお、スキーム変更にあたって促進協の果たした役割が大きい。そのことは、
第3期の事業決定でも実証されることとなる。

228　これに対して、港湾管理者は負担の不均衡の原因が環境省サイドの一方的な制度変更にあると主
　　張している。

141

第 6 章−事例分析 3　大阪湾フェニックス事業のスキーム変更

5　含意

　第 6 章−事例分析 1、第 6 章−事例分析 3 を通じて得られる事実は、大阪湾フェニックス事業においては、各アクターの行動の動機には他者との共同利益が関わっており、必ずしも自己利益の最大化を追求する合理的選択モデルで説明できるような利己的行動ばかりをとったとは言い難いことである。

　フェニックス事業は確かに特別法に根拠を持つ事業であるものの、各主体の権利義務が法律上規定されているわけではない。個別に具体的な法律関係をみれば、その殆どが委託契約の私法的関係であり、その参加・不参加、あるいは利用・不使用は原則的に各主体の裁量に委ねられている。その意味で、フェニックス事業はそれぞれの主体がその利害得失を考量して自己の意思で行動を決定できる状況にある。

　しかし、各主体はその裁量の中で、フェニックス事業の各局面において、とくに危機的状況に対して自らの利害得失を超えた協調的行動を取った。この事実は、フェニックス事業という協働の広域行政において、一定の規範的な意識を共有しつつ全体の利益を実現しようとする個々の主体の行動姿勢を物語る。いわばコモンズと呼ばれる状況に類似した環境の中での相互作用が成立したのではないかと考えられる。

　コモンズは一般に、地域住民の共有の入会地のような資産で特定の者によって費消されてしまうリスク（コモンズの悲劇）を有しながらも、関係者の暗黙の了解によって共同の受益が確保されている状況をいう[229]。コモンズの状況に関しては、米国の政治学者オストロムが合理的選択理論を肯定する立場から以下のような説明をしている。すなわち、単発の行為ではなく継続的な行為においては、ロバート・アクセルロッドの「おうむ返し（tit for tat）」戦略で互いに譲

229　Hardin（1968：1243-1248）参照。

り合うことで利益の極大化が図られ、それが関係者間に一定に内部規範が作られ、それが経験的に拡大していくというものである。コモンズじたいは、共有の資源あるいはその資源を管理する制度やシステムをさすとされる[230]。いずれにしろその資源が、関係者全体が不満なく享受できる状態がコモンズの状況である。コモンズの状況は、常に自己の効用の最大化を目指すという合理的選択理論の枠組みの中でも生じ得る共同化の例ともいえる。

フェニックス事業において共有の資源は、瀬戸内海という良好な環境をもつ海域における廃棄物処分の空間ということができる。さらに言えばフェニックス事業の仕組みじたいがコモンズであり、それを維持するために各アクターが譲り合い、互恵意識をもつことがコモンズ類似の状況だといえる。

ここで重要な事実は、この極めて多数のアクターが関与する広域行政が相互の互恵意識が要素となっていることである。近畿圏という限られた空間において同業である行政主体間においては、相互の信頼関係が重要である。とくに環境問題のような社会的影響の大きな分野での協力関係は不可欠であって、お互いに迷惑をかけないという暗黙の了解がいわば規範となって、このフェニックス事業という共同事業を成立させていると考えられる。

互恵関係として、ここまでの大阪湾フェニックス事業の流れを見ると、事業発足当初に港湾管理者サイドが示した埋立海面の供出という恩義に対して、排出サイドの自治体がゲームの途中でルールを変えるという横紙破り的な港湾管理者の要求を諒として受け入れた、というかたちとなっている。このことは、近隣の自治体という一定のコミュニティーの中で、単純な取引や契約関係では割り切れない互恵関係を示すものだと言える。

230　小川繁幸「廃棄物処理へのコモンズ概念適用の可能性」『オホーツク産業経営論集』2009 年 3 月通巻 22 号 p .69 参照。

第6章–事例分析4
大阪湾フェニックス事業の存続危機

1 　事業存続の危機の発生

　大阪湾フェニックス事業は事業発足後、順調に事業を発展させ、第1期事業に引き続き、第2期事業を開始するまでになった。しかし事業が安定期に達し、発足当初の緊張感が次第に薄れていく時期に、事業の存続危機ともいうべき事件に遭遇することになった。

　事件の背景となるダイオキシン問題についてふれておくと、1997年に廃棄物焼却炉から出される排煙にダイオキシン含有物が含まれ、廃棄物処理施設の土壌を汚染しているとしてメディアが連日とり上げる大問題[231]となった。ダイオキシンは猛毒の有害物質とされ、摂取した場合は子供の生死にも影響を与えると喧伝され、政治的なテーマともなった。

　当時はダイオキシンの発生は特に意識されておらず、焼却炉は高温で焼却処理するものと低温で焼却処理するものがあり、国も双方の処理方法を認めていた。ダイオキシン汚染とその対策に関わる問題は、低温焼却の焼却施設の周辺地域で発生した。関係自治体では、国の資金補助を受けて、低温焼却炉は取り壊され新たな高温焼却炉が整備されるか、複数の市町村で共同で新たな高温焼却施設を建設するなどの解決策を迫られた。ダイオキシンは一定程度の高温で焼却すれば発生せず、汚染された土壌等も再度高温で熱処理すると無害化される。しかし再処理施設の確保や巨額に上る再処理費用から、汚染地域を持つ自

231　大阪府豊能郡の豊能町と能勢町の共同設置した「豊能郡美化センター」において発生した周辺土
　　壌のダイオキシン汚染に関わる事件のこと。

144

治体にあってもすぐに解決困難な問題であった。

そのような背景のなか、ダイオキシン類の排出基準を超えるばいじん処理物がその事実を隠ぺいしたまま、大阪湾フェニックス事業の埋立処分地に投棄されるという事件が発生した。

事案発覚に際して埋立処分地の最終管理者となる港湾管理者は環境行政を担うべき自治体の違法ともいうべき行為に反発し、一時は当該処分地の一切の埋立行為を停止する命令を出す寸前までに至った。このダイオキシン・ショックともいうべき事案は、廃棄物処理の広域連携を成立維持させていくための基本である自治体相互の信頼を揺るがす大事件と受け止められ、事案解決の方法が注目されることになった。

2　事実の概要

大阪湾フェニックス事業において、2007年度から2013年度にかけて、A市のごみ焼却工場がダイオキシンの法定基準を超過したばいじん処理物、合計600トン余を、センターに搬入し、センターの尼崎基地を経由し神戸沖処分場で埋立処分がなされた。この事実は2014年になって、その年の会計検査で会計検査院からA市が指摘を受け、A市がセンターに報告したものである。

2014年5月にA市から上記事実の報告を受けたセンターは当該事実および同市の廃棄物の搬入停止処分を行いこの事実を公表した。A市はかねてから自主検査によってこの超過の事実を知りながら抜本的な手立てを取ることなく、過去数年にわたって搬入を繰り返していた。

A市の事案を受けて、センターはA市以外のセンターに搬入のある焼却施設の全件調査を実施した。調査内容は、一般廃棄物[232]の全事業場（113事業場）を

232　一般廃棄物は市町村が処理を行う廃棄物でありその事業場は、市町村または一部事務組合が運営する。一方、産業廃棄物は排出者責任から民間事業者が処理を行う廃棄物であり、主に産業廃棄物事業者の運営する事業場で処理される。

第6章−事例分析4　大阪湾フェニックス事業の存続危機

対象に　①分析検査（排出者による分析検査）、②抜取検査（センターによる搬入時の分析検査）、③立入調査（本センターによる所管行政庁と連携した事業場の状況調査）を、また産業廃棄物の全事業場（32事業場）を対象に抜取検査（センターによる搬入時の分析検査）であった。

その結果、別の地方公共団体（市や一部事務組合）、民間事業者で計4件の基準超過の事例が発覚した。これらはA市の例と異なり、今次の調査によって判明したものである。

これらの事業者に対しては結果判明後、直ちに搬入停止処分が行われ、改善実施および再発防止策が求められた。これらの事実は搬入がなされた中継基地[233]および埋立処分場の周辺環境調査等の安全情報とともに適宜、公表された。また、同時に基準超過の廃棄物が搬入された中継基地と埋立処分場については、所在自治体による周辺環境（水質・大気質）の調査も行われ安全確認がなされた。

そして、違反事業者に対しては継続的な改善状況を確認のうえ、再発防止策などを関係団体会議[234]に諮りその合意のもとに搬入停止の解除が行われた。結果として、発端となったA市以外は2014年12月に、A市はさらに遅れて2015年3月に解除された。

表6-4-1　ダイオキシン・ショックの事実経過

2007年〜2013年	A市がダイオキシン類の法定基準超過のばいじん処理物合計約600トンを大阪湾フェニックスセンターの中継基地（神戸基地）を経由して埋立処分場（神戸沖処分場）に搬入した。
2014年4月7日	A市会計検査にて、ダイオキシン類の法定基準超過のデータが見つかり事実が発覚した。会計検査院よりA市に対して関係団体への通知を勧告される。
同5月2日	A市がセンターを訪問し、超過事実の報告を行った。A市は同日より搬入を停止した。
同5月9日	センターからA市に詳細報告の要求を行い、同時に、搬入自粛の継続を要請した。また、搬入のあった埋立処分場及び経由した中継基地の環境調査実施を開始した。
同5月12日	A市の廃棄物搬入があった埋立処分場の放流水・周辺海域の水質調査実施した。

233　陸送された廃棄物は中継基地から埋立処分場に海上輸送される。
234　関係団体会議は、センターが主宰し、搬入基地・処分場の所在市と府県、港湾管理者、原因市と所管府県他で構成された。

同 5 月 22 日	センターが A 市と同様に一般廃棄物の焼却灰・ばいじんの搬入のあった 112 の焼却施設のダイオキシン類分析結果について自主検査も含む全ての結果の提出を要請した。
同 5 月 29 日	同埋立処分場及び中継基地の周辺の大気質調査を実施した。
同 5 月 30 日	センターが A 市に搬入停止処分を通告した。
同 6 月 11 日	センターが関係団体会議を開催し事実と当面の対応方針を確認した。終了後、センターから A 市の超過事実及び安全情報（水質・大気質が正常の範囲内であること）と搬入停止処分の公表を行った。センター公表を受けて A 市及び A 市の所管行政庁である府県も事実の公表を行った。
同 6 月 19 日	センターの要請で所管行政庁である府県が行った立入調査で B 一部事務組合の 2010 年の基準超過のばいじん処理物 176 トンの搬入の事実が判明した。これは、B 一部事務組合が灰溶融廃止に伴う実験処理時に発生したものであった。翌 20 日に B 一部事務組合からセンターへ超過事実の報告がなされた。
同 6 月 23 日	センターが B 一部事務組合の搬入停止処分を行い、同日に公表した。同日、一般廃棄物の検査強化（全事業所の ①自主分析検査、②センターの抜取検査、③所管行政庁である府県による立入検査）を関係機関に要請した。
同 7 月 23 日	民間廃棄物事業者の C 社の基準超過が判明し、センターが搬入停止処分を行った。これは一般廃棄物の検査強化に合わせて民間会社の産業廃棄物の検査も強化実施する中で、センターの搬入時の抜取検査で C 社のばいじん処理物の基準超過がみつかったものである。
同 7 月 25 日	信頼回復に向けたセンターの取組の公表、併せて C 社搬入停止処分の公表を行った。
同 7 月 31 日	センターが再発防止策強化のために「廃棄物受入に関する検討委員会」を設置し第 1 回の委員会を開催した。以後 12 月 19 日まで 4 回開催した。
同 8 月 18 日	D 市の基準超過が判明しセンターが搬入停止処分を行った。これは、センターの 6 月 23 日の要請を受けて、D 市が実施した自主検査で判明したものである。
同 8 月 28 日	センターの再発防止策の取組経過の公表、併せて D 市搬入停止処分の公表を行った。これは、排出者・センター・所管行政庁（府県）重層的なチェック体制をとる中でその中間報告にあたるものであった。
同 10 月 8 日	センターの抜取検査で民間事業者の E 社基準超過が判明し、搬入停止を行った。
同 12 月 19 日	再発防止策の取組結果として、E 社処分を最後として、重層的チェックの結果を公表した。また、合わせて A 市以外の停止処分解除の公表を行った。
2015 年 3 月 30 日	A 市の搬入停止の解除を行った。

出所：諸資料から筆者作成

147

第 6 章–事例分析 4　大阪湾フェニックス事業の存続危機

3　事実の背景

3.1　搬入基準とルール

　廃棄物の搬入基準は、主務大臣の認可による基本計画に定める（センター法第20条1項）とされており、基本計画とともに、大阪湾広域臨海環境整備センター廃棄物受入規程（平成元年11月22日）に詳細が規定されている。

　受入規程では、廃棄物の処理及び清掃に関する法律、ダイオキシン類特別措置法、その他法令等に定める基準に適合したものと規定されている。

　このように、大阪湾フェニックス事業の搬入基準は、法律で定められた基準にしたがい、他の一般の埋立処分場と同様の基準となっている。

　受入規程を受けて理事長が定める大阪湾広域臨海環境整備センター廃棄物受入手続きに関する達（平成元年11月22日、達第6号）に受入検査の定めがあり、受入時の検査で基準超過が判明すれば、センターは当該廃棄物の搬入を拒否し、搬入停止の手続きをとることができるとされている。

　現実の対応としては、全量検査が困難で、抽出検査での対応にならざるを得ず、搬出者の自主管理に依存せざるを得ない。

　本件の発覚以前は、行政は環境保全を規制する立場であり、搬入基準の順守は当然であって、主に基準超過・搬入停止は民間産廃事業者を想定したものであった。

3.2　ダイオキシン検査の困難性

　ダイオキシンとは、一般に、ポリ塩化ジベンゾ–パラ–ジオキシン（PCDD）とポリ塩化ジベンゾフラン（PCDF）をまとめてダイオキシン類と呼び、コプラナーポリ塩化ビフェニル（コプラナー PCB、またはダイオキシン様 PCB とも呼ぶ。）のよ

148

うなダイオキシン類と同様の毒性を示す物質をダイオキシン類似化合物と呼ぶ。1999 年 7 月 16 日に公布されたダイオキシン類対策特別措置法においては、PCDD 及び PCDF にコプラナー PCB を含めて「ダイオキシン類」と定義された[235]。

　廃棄物の受入れ基準としては、3 n g - T E Q ／ g 以下、つまり 1 グラムあたり 3 ナノグラム（ナノは 10 億分の 1）とされており、極めて微細な基準となっている。

　ばいじん及び燃え殻を対象としたダイオキシン類の測定については、高分解能ガスクロマトグラフ質量分析計（GC-HRMS）が廃棄物処理法上の公定法であった。GC-HRMS 法によるダイオキシン類測定は、精度が期待できるが、分析に時間がかかっていた[236]。当時、検体採取から分析結果の判定まで 1 か月を要すると言われており、時間の短縮が課題となっていた。そこで、検討委員会での報告をふまえて、ダイオキシン類については、高分解能ガスクロマトグラフ質量分析法の前段階に、スクリーニング的にダイオキシン類対策特別措置法に基づく簡易測定（生物検定）を導入して、抜取[237]検査の迅速化を図った。

4　各アクターの行動

4.1　センター

　事件発生を受けて、センターに搬入のある全焼却炉からの廃棄物についての立入調査・抜取調査・自主検査を実施し、基準順守の確認を行った。そこで発覚した超過事例については当該排出者に搬入停止を命じ、かつ関わった中継基地と処分場の周辺環境調査を実施し環境上問題がないことの確認を行った。A

235　環境省 HP 関係省庁共通パンフレット「ダイオキシン類 2012」p.1 参照。
　（http://www.env.go.jp/chemi/dioxin/pamph/2012.pdf、2017 年 10 月 15 日閲覧）
236　尾川毅「フェニックス事業の概要及び廃棄物の受入体制について」『第 27 回廃棄物資源循環学会研究発表会論文集』（和歌山大学、2016 年 9 月 27- 29 日）　p.9 参照。
237　同上 p.7 参照。

第6章−事例分析4　大阪湾フェニックス事業の存続危機

市の超過事実の隠ぺいによる違法搬入は広域の共同事業であるフェニックス事業に対する関係者の信頼を損ね事業全体を危殆に陥れるものとして、センターから排出者、とくに行政に対して再発防止に万全を期すよう要請している。

4.2　港湾管理者

港湾管理者は基準超過した埋立処分場を最終的に管理・所有する立場であり、最大の被害者だと言える。事案発覚時は行政である排出者の悪質事例に反発、さらに超過事例が相次ぎ発覚するに至り、一時はすべての焼却場からの廃棄物の埋立処分場への埋立てを禁止する姿勢[238]を示したが、センターの全件調査の実施や再発防止策を評価し埋立て禁止には至らなかった。

4.3　市町村

基準超過事案はごく一部の団体に限られたものであったが、超過事実の有無の確認のための府県・センターの調査に応じるとともに自主検査を行った。センターの危機表明に応え、年間数回にわたる自主検査の強化など再発防止策を行っている。

なお、搬入のあった中継基地、最終処分場の所在市は被害者の立場でもあり、議会・周辺住民への説明責任から周辺環境調査を実施し安全性を確認した。

4.4　府県

府県は排出者の指導監督権限をもち、個々の基準超過に関しては責任を負う立場であった。所管市町村に対して検査を実施、再発防止の指導やセンターの立ち入り調査に同行するなどの対応を行った。本事業の継続のため、所管市町

238　結局、埋立停止処分に至らず記録文書には残っていない。

村に対してセンターとともに自主検査の強化などの再発防止策を指導した。

4.5　国

　事案発生から、搬入停止などの処分、再発防止まで対外公表の折にセンター・府県から逐次報告が行われ、センターの設置した「廃棄物受入に関する検討委員会」に参加した。基本的には地元での対応、解決に委ねる姿勢で、とくに主導的な処分、積極的な指導は見られなかった。

5　分析

　本件の基準超過事例は、本来環境を守るべき立場の行政が引き起こした犯罪的事案として関係者はもちろん一般市民の事業への信頼性に与えたショックは大きなものがあった。就中、処分場・中継基地所在市の議会・住民、漁業組合などの関係者に対する説明責任の問題も深刻であった。当時懸案となっていた次期処分地決定にも大きな障害となることは間違いない状況であった。

　このためセンターと府県は過去も含め基準超過の有無の確認の調査を実施した。そして基準違反者に対して搬入停止という厳罰で臨むとともに再開にあたっては厳しい安全確認を行った結果、搬入停止措置が最長1年近くに及ぶなどの措置がとられた。廃棄物が日々発生する排出団体にとって搬入停止処分の長期化は非常に厳しい制裁だった[239]。基本的にA市以外の違反団体も粛々と搬入停止処分を受け入れた。

　そして信頼回復のため、他の排出団体に対しても行政の廃棄物としては「全

239　産経新聞2014年12月29日版「高島ダイオキシン問題、再搬入めどたたず増え続ける煤塵」参照。搬入停止は日々、焼却灰などが発生する事業場にとって、それらを貯留するスペースに困窮し、処分を受けたことで他の処分先の確保も困難となり結果として厳しい処分である。(http://www.sankei.com/west/news/141229/wst1412290051-n1.html、 2017年8月12日閲覧)。

第 6 章−事例分析 4　大阪湾フェニックス事業の存続危機

国で最も厳格かつ重層的な検査体制」[240] でのぞむこととし、府県を通じ各市町村に要請し排出者である市町村もこれに応え体制の強化を図った。結果として、事件収束に向けた一連の動きはフェニックス事業を維持継続するために各セクターが協力し合わなければならない構図を明らかにした。

6　含意

6.1　理念の確認

ダイオキシン・ショックの事実経過は、フェニックス事業という広域連携での自治体間関係がネットワーク組織化していることを示す結果となった。

まず、フェニックス事業に参加する団体間の関係がネットワーク組織化していることで、構成員相互の信頼と互酬性の関係が組織存続の上で極めて重要であり、本件のように構成員による信頼と互酬性を破壊する行為が発生すれば、組織全体が破綻しかねない状況を招くことが明らかになった。

また、ハイアラーキー構造を離れ、構成員が水平的な横並びの関係になることで責任の所在が曖昧になり、フリーライダー意識が生まれやすいというネットワーク組織特有の脆弱性が露見した。とくに廃棄物の処理が自己のエリア外で行われることで責任感がより希薄になり、一部のメンバーが重大なルール違反を引き起こす結果を招いた。

統制する上位団体がない水平的なネットワーク組織としての特徴を持つフェニックス事業において、基本ルールを破るものが生まれると組織自体が維持できなくなる。したがって組織維持のためには、信頼破壊の原因者に厳罰をもって償わせねばならないことは自明のことであるとともに、その他の排出者も再

240　大阪湾広域臨海環境整備センター、2015 年 3 月 27 日広報発表資料「ダイオキシン類基準超過廃棄物搬入事案を受けた大阪湾広域臨海環境整備センターの廃棄物受入に関する厳格な体制の導入等について」(http://www.osakawan-center.or.jp/images/pdf/to20151130/kishahappyou270327.pdf、2018 年 3 月 8 日閲覧)。

発防止に向けた厳しい予防措置の義務が課せられることになった。

　このように、ダイオキシン・ショックの一連の対応は、スキーム変更によって明らかになったネットワーク組織としての実質を示すとともに、それを維持していく上で事業の主導理念である信頼と互酬性が重要であることを再確認する場となった。

6.2　公表の懲罰性

　長期にわたる搬入停止が違反者に与える罰と同時に、一連のダイオキシン・ショックでは公表による社会的制裁の意義が大きい。公表による制裁はその社会的な批判による影響は軽視できず、物理的な処分以上に大きなものであった。

　従来センターでは、民間・地方自治体の基準超過に関して公表の実例はなかったが、本事例ではダイオキシンという市民の関心が極めて高いものだけに公表は避けられなかった。原因者であるＡ市の隠ぺいが事件拡大の原因でもあって、関係者は公表しないことで原因者と同じ隠ぺいの批判を浴びることになるからである。実際社会的な批判は大きく、そのために 2017 年のＡ市による職員・請負業者への損害賠償事件[241] にまで尾を引く状況にもなっている。

　全件調査の段階で基準超過が判明した地方自治体も積極的に公表に対応した。その時点で聊かでも公表に消極的な姿勢を示せば隠ぺいの誹りを免れなかったからである。Ｂ一部事務組合も組合長である構成団体の市長が、またＤ市も市長自らが会見の前面に立っての対応となった。

　なお民間会社の事案の公表にあたっては、社名の公表が当該事業者に事業運営上致命的な影響を与えかねないということで、関係団体会議の総意をもって社名は伏せたまま事実の公表が行なわれた。民間会社を匿名にしたことでの報道機関からの批判はなかった。

241　毎日新聞 2017 年 9 月 29 日地方版「ダイオキシン問題　求償提訴、本会議も否決　損賠議案は可決／滋賀」参照。
　（https://mainichi.jp/articles/20170929/ddl/k25/010/469000c、2017 年 10 月 15 日閲覧）

第 6 章–事例分析 5　大阪湾フェニックス事業の発展

1　事例の位置づけ

　これまでに廃棄物行政における大規模広域連携であるフェニックス事業の成立と不成立、維持のためのスキーム変更、および事業危機における関係者の行動を通じて、成立と維持の要因分析を行ってきた。その分析から、府県域を超える大規模な広域連携が国のイニシアチブなしには成立しなかったとしても、その運営を通じてコアメンバーを中心とした水平連携による協働が見られ、ネットワーク組織の特徴を有することが明らかになってきた。

　そうした中、2016 年 6 月、大阪湾フェニックス事業のさらなる段階への移行を図るために、3 期フェニックス事業に関する関係者の合意が公表された。本章では、関係自治体等の公表資料のほか、これを補足するものとして関係自治体の議会議事録[242]、新聞報道を基にして、3 期フェニックス事業の合意過程の事実の把握と分析を行い、広域連携の発展要因を明らかにする。

2　事実の背景

　2011 年 5 月 23 日の新聞夕刊[243]1 面に「近畿の産廃　3 年後満杯」という見

242　各議会の議事録における答弁は基本的に当該自治体執行機関（当局と呼ばれる慣習がある）の公式見解である。一般に質疑を想定し、事前に当局内で調整が行われることが通例であり、万一、数量など言い間違いがある場合には議会において厳格な訂正の手続きが定められている場合が多い。事務方の答弁であっても、内容が首長の政治責任にも影響を及ぼすこともあり、それだけ信頼に足る資料

出しが躍った。記事の中身は以下のとおりである。

①「ミニバブル」といわれた 2007 年度には、民間からの産業廃棄物受入れが、予定の 3 倍に増加。すでに計画の約 8 割にあたる 1450 万 ㎥が埋まり、このままでは 2014 年度に計画量を超える見込み。

②市町村が搬入する一般廃棄物は、まだ受入れに余裕があるが、産廃用への融通は困難という。このため促進協は 2009 年 9 月、廃棄物の持ち込み量を減らして、処分場をできるだけ長く使うための対策の検討を開始。そのうえで、次期処分場の必要性を改めて訴えるという。

　以上の新聞報道の内容は概ね事実に基づくもので、東北の震災がれきの受け入れでさらに満杯が早まるという見込みを除けば正しいとされている。

　この報道がなされる以前から 2 期処分場の延命策が必要とされ、2010 年度に促進協でフェニックス圏域の減量化目標が策定[244]されている。2011 年 5 月には、促進協が各市町村・一部事務組合に対して排出者別減量化目標（2000 年度時搬入実績値の 25 パーセントを減量）を提示している[245]。

　また、民間の産業廃棄物については、2011 年度から 2009 年度実績の 7 割程度に抑制するように各府県産廃協議会を通じて依頼し、受入れ抑制を実施している。

　ただ、これらの減量化を目標どおりに行っても小手先の手段でしかなく、数年程度の処分場延命しか期待できない。現に前々章のスキーム変更に伴う 2012 年の基本計画変更によって、一廃枠（一般廃棄物処理枠）から産廃枠（産業廃棄物処理枠）に 450 万 ㎥の枠調整の実施と合わせて、減量化目標どおりの受入れを行ったが、2021 年度から 2027 年度までの 6 年間の延命にとどまった。

　したがって、次期処分場計画（フェニックス 3 期事業）が必要であり、湾内に一

だと言える。
243　2011 年 5 月 23 日読売新聞大阪版夕刊 参照。
244　2013 年 10 月 17 日大阪府議会環境農林水産常任委員会　青野議員への田邉資源循環課長答弁。
245　「大阪湾広域処理場整備促進協議会からの通知文（平成 23 年 5 月 26 日付）抜粋」。(http://www.city.yao.osaka.jp/cmsfiles/contents/0000014/14679/18.pdf 2018 年 3 月 13 日閲覧)。

第6章-事例分析5　大阪湾フェニックス事業の発展

つの処分場を確保するだけでなく、二処分場体制を確保するためには、早期に関係者の合意、計画の策定作業に着手する必要が認識された。

なお、二処分場体制の必要性については、大阪府当局者は議会答弁で、これまで1期（泉大津沖・尼崎沖）、2期事業（神戸沖・大阪沖）が基本的に複数の処分場で計画・運営されてきた経緯をふまえ、「今後、一処分場のみで運営することとなった場合、直ちに問題が発生するということは考えにくいですが、自然災害や突発的な事故などが発生し、一つの処分場で廃棄物が受け入れできなくなった場合でも、廃棄物の受け入れが完全に停止せず、安定的な処理を続けるためには、二処分場体制が望ましいというふうに考えております。」[246] と説明している。

その意味で、タイムリミットは2期事業終了の2027年ではなく、神戸沖処分場の埋立が終了する2022年頃ということになり、その時点で3期事業の受入れを開始させるためには、それまでに個所付け・法手続き・護岸整備などを済ませる必要があり、早期に関係者の合意が必要とされていた。

3　3期事業の検討過程

3.1　検討の進捗

3期事業の検討過程については、大阪府議会でこれに関する多くの質疑がなされている。その理由は、大阪府が近畿圏で自治体一廃・民間産廃排出の最大手であり、それだけ次期処分場についての関心が高かったためだと思われる。その質疑答弁[247] から検討経緯を見てみることとする。その内容は以下のとおりである。

3期事業に向けた具体的な取り組みの検討は、促進協と呼ぶ大阪湾広域処理場

246　2013年10月17日、大阪府議会環境農林水産常任委員会での青野議員への田邉資源循環課長答弁。
247　2014年3月13日、大阪府議会環境農林水産常任委員会での青野議員の質疑に対する田邉資源循環課長答弁。

156

整備促進協議会で行っており、促進協の中の部会、府県や政令指定都市等の廃棄物担当で構成する環境部会、港湾管理者で構成する港湾部会においてそれぞれ議論をするとともに、さらに市町村との認識の共有を図るために、各府県に設置した府県部会において議論をしている。

　検討の状況であるが、環境部会においては、3期事業が必要であるという市町村等の声を踏まえて、次期事業の費用負担のあり方など、3期事業に向けた事業スキームの方向性について議論した上で、2012年10月から11月にかけて市町村等へのアンケート調査を実施している。

　また府県部会においては、市町村に対して、事業の負担スキームの検討の方向性について直接説明を行うとともに、アンケート調査の結果を報告し、意見を聞いて、意見の取りまとめをしている。

　港湾部会では、費用負担や処分場の必要性などの環境部会での検討内容や市町村の意向を踏まえて、港湾管理者としての課題について議論が行われた。

　環境省や国土交通省に対しては、フェニックス事業の課題について国の立場からの意見を聞くとともに、促進協事務局から、廃棄物減量化の取り組みや3期事業の必要性、さらには事業費用に係る排出者負担の議論の状況等について報告を行い、3期事業への理解を求めている[248]。

　2012年のアンケート結果からは、「府内のほとんどの市町村は、今後、みずから最終処分場を設置することは困難であり、フェニックス処分場を必ず確保したいという結果」[249]であったことが明らかにされている。

　2014年3月の大阪府議会での議員の質疑から、3期事業の課題が明らかになっている。議員の事前の質問への回答として「いただいている資料の中では、ちょっと読ませていただきますけど、次期フェニックス事業の主な課題、それは、事業スキーム、費用負担方法、廃棄物埋立護岸の整備に当たり、排出者と港湾管理者の間で費用負担をどのようにするのか、また、財源を確保するのか」、そ

248　2014年3月13日、大阪府議会環境農林水産常任委員会での青野議員の質疑に対する田邉資源循環課長答弁。。
249　2013年10月17日大阪府議会環境農林水産常任委員会での青野議員の質疑に対する田邉資源循環課長答弁。

157

第 6 章–事例分析 5　大阪湾フェニックス事業の発展

して「処分場の規模、埋立量、土地利用について、排出者としては、最終処分
場を安定かつ継続的に確保する必要があることから、廃棄物の推移、将来予測、
社会情勢を考慮して検討する必要があること」「大阪湾圏域で減量化の可能性を
徹底的に追求するようにと国から指摘」があること、それらの「中でも、費用
負担の問題が一番大きな問題である」[250] ことなどが問題として列挙された。

　この費用負担に対しては、「平成 24（2012 年筆者註）年度に促進協議会におき
まして行いました市町村等へのアンケート結果では、府内を初め、フェニック
ス圏域の大半の市町村は、現在よりも費用負担が増加しても、廃棄物を安定的
に処理するために、3 期フェニックス事業へ参画するという回答」であったこと、
また、「昨年（2013 年筆者註）10 月に、護岸建設費のイニシャルコスト負担の可
否について、市町村等へのアンケートを行いました。そのアンケートの結果でご
ざいますけども、フェニックス圏域の 168 市町村は、イニシャルコストとして負
担するという回答が 58％でございました。具体的な案が提示されれば検討する
という回答が 23％というふうな回答を得ております。」[251] と説明されている。

　これによって、2012、2013 年度の 2 度にわたる全市町村アンケートの実施
を通じ、結果として 3 期事業の最大のネックである負担問題のコンセンサスづ
くりが大きな山を越したと考えられる。

　関係当局者の答弁においても、「市町村とは、費用負担等の基本的な部分とい
いますか、方向性、あるいは減量化の取り組みといった方向性についての共通
認識を持つことができております」とし、「お示しの促進協議会、改めてその環
境部会で費用負担等の具体化を進め、港湾部会と調整を図りながら、新たな処
分場の場所や埋め立てる廃棄物の容量など、次期事業の具体的な骨格について、
圏域の市町村や府県、そして港湾管理者とのコンセンサスを早急に図ってまい
ります。その上で、フェニックス計画の所管官庁であり、フェニックス事業の
基本計画の認可権を持つ国土交通省や環境省との協議を深めてまいります」[252]

250　2014 年 3 月 13 日大阪府議会環境農林水産常任委員会での青野議員の質疑。
251　2014 年 3 月 13 日大阪府議会環境農林水産常任委員会での青野議員への田邉資源循環課長答弁。
252　2014 年 3 月 13 日大阪府議会環境農林水産常任委員会での青野議員への田邉資源循環課長答弁。

との前向きな見込みを示している。

　また、それらが「ことし（2014年筆者註）の目標」と「認識」してよいか、という議員の質問 に、府当局者は「そのように進めて」いく旨答弁している。将来予測に関する議会答弁が実現しない結果となったときに往々にして後にその追及があるため、当局者は慎重な答弁に終始することが常であることを考えると、府の関係者は2014年度の決着に相当の自信をもっていたことが伺える。さらに追い打ちをかけるように上司の部長への質問でも部長の前向きな答弁[253] がなされたことで、質問した議員も質問の矛を収めて本件に関して知事答弁を求めない旨を表明している。

　なお、当該常任委員会に先立つ本会議において松井大阪府知事が「大阪、関西の成長のためには、広域処理場を引き続き確保していくことが不可欠」だとして、「次期フェニックス計画について圏域の関係自治体との議論を平成26年（2014年筆者註）度冒頭からスタートさせ、そのコンセンサスを図った上で、国と精力的に協議を行って」[254] いくと答えている。

　しかしながらこのように関係者の一定のコンセンサスを得て、次期処分場の場所海域、事業規模その他の具体的な合意決定が目前という状況において、関係者誰しもが想定しない事件が発生し、3期事業の計画が頓挫する。

3.2　検討の停滞

　順調だった3期事業が突然頓挫した原因は、2014年6月のセンターからの公表で明らかになった滋賀県A市によるダイオキシン類基準超過搬入事件である。

　2007年度から2013年度にかけて、A市のごみ焼却工場がダイオキシンの法定基準を超過したばいじん処理物、合計600トン余をセンターに搬入し、センターの尼崎基地を経由し神戸沖処分場で埋立処分がなされていた。A市はかね

253　2014年3月13日大阪府議会環境農林水産常任委員会での青野議員への中村環境農林水産部長答弁。
254　2014年2月25日定例会本会議での三田議員に対する松井知事答弁。

第 6 章–事例分析 5　大阪湾フェニックス事業の発展

てから自主検査によってこの超過の事実を知りながら抜本的な手立てを取ることなく、過去数年にわたって搬入を繰り返していた。この事実は 2014 年になって、その年の会計検査で会計検査院から A 市が指摘を受け、A 市がセンターに報告したものである。

　2014 年 5 月に A 市から上記事実の報告を受けたセンターは当該事実および同市の廃棄物の搬入停止処分を行い、2014 年 6 月にこの事実を公表した。

　港湾管理者は基準超過した埋立処分場を最終的に管理・所有する立場であり、最大の被害者だと言える。港湾管理者は、事案発覚時に排出者の悪質事例に反発するとともに、さらに超過事例が相次ぎ発覚するに至り一時はすべての焼却場からの廃棄物の埋立処分場への埋立てを禁止する姿勢を示したが、センターの全件調査の実施や再発防止策を評価して、埋立て禁止には至らなかった。しかし、港湾管理者としては、このような事案が発生した以上、次期計画への合意が困難になり、センターや排出者に対して、明確な再発防止策を求めることとなった。

　A 市の違法搬入が行われた神戸沖処分場が所在する神戸市では、風評被害を含めた批判が起こり、神戸市議会でも、環境監視・廃棄物処理の立場から神戸市環境局、そして埋立処分管理の立場からみなと総局に対して質疑が相次いだ。まず、事案の報告が行われた 2014 年 6 月 18 日の神戸市議会産業港湾委員会と同 19 日の神戸市議会福祉環境委員会において、また別の一部事務組合の超過事例が判明した 2014 年 7 月 3 日の神戸市議会福祉環境委員会と同 7 日の神戸市議会産業港湾委員会において、それぞれ議員からこのダイオキシン問題への対応について質問がなされた。

　また、ダイオキシン問題に関する A 市の第三者委員会中間報告が出された後の 2014 年 9 月 29 日の神戸市議会決算特別委員会第 2 分科会（環境局審査）では、神戸沖処分場が所在する行政区の選出議員が自らの割り当て時間の全部をこのダイオキシン問題に当て、滋賀県の監督責任や関係団体の告発の可否など

255　2014 年 9 月 29 日神戸市決算特別委員会第 2 分科会での安井議員からの質疑。

160

の質疑が行なわれた[255]。神戸市議会の決算特別委員会は、2、3の分科会に分かれ、1日かけて局ごとの審査が行われる。局別審査では各会派に時間を割り当て、対象の局の施策、課題など全般にわたる質疑が行われる。割り当て時間内に会派を代表する議員が、当該局に関わる複数の問題についてやりとりをするのが通例であり、ひとつの問題を集中して取り上げるのは極めて異例である。その点から、このダイオキシン問題がいかに重要なものであったかを物語っている。

本問題は2014年10月14日の決算特別委員会総括質疑でも取り上げられ、市長に対しても同旨の質疑[256]が行われた。

このような状況で、港湾管理者が次期計画の協議を進めることは不可能であって、センター・排出者の再発防止策が確立されるまで3期事業は頓挫のやむなきに至った。

大阪府議会でも、2014年9月の常任委員会で大阪府の当局者がA市のダイオキシン事件を挙げたうえで「フェニックス事業の推進に当たりましては、次期計画の具体化を進めていく前に、まずは、再発防止策を含め、関係者で信頼を回復するための取り組みを行う必要が生じている状況」を吐露し、「フェニックス事業の信頼回復のためには、このような受け入れ基準超過事案の再発防止、廃棄物の適正受け入れに向けたルールづくりが何よりも重要」、「このようなルールづくりに取り組むため、フェニックスセンターでは、学識経験者を構成員といたしました廃棄物受け入れに関する検討委員会を7月末に設置」「受け入れ検査の方法や受け入れ基準を超過した場合の対応などについて、専門家の御意見を伺いながら、年内をめどに検討を進めている」[257]旨の答弁をしている。

質問議員も「一市町村の起こした問題ということであるんですが、こういうようなところに対してもやっぱり厳しい対応をしてペナルティーを課していく」べきことを述べ、答弁者も「A市（議会議事録上は実名が記載）でございますけども、学識者によります調査検討委員会の検討結果を踏まえ、技術面はもちろん、組織体制も含めて抜本的な対策を実施されているところでございます。この間、

256　2014年10月14日神戸市決算特別委員会総括質疑での橋本議員から市長への質疑。
257　2014年10月17日大阪府議会環境農林水産常任委員会での青野議員への田邉資源循環課長答弁。

第6章–事例分析5　大阪湾フェニックス事業の発展

5月からフェニックスに搬入できないというような状態になっておるため、日々排出されます焼却灰は既にピットに満杯となり、敷地内の仮置き場を確保しながら施設の運転を続けている状態というふうに聞いております。A市長は、まだフェニックスに受け入れ再開を要望できる状態にはないと、このような厳しい認識を示しておられます。このように一度不適正な処理をしました市町村は非常に大きな代償を払うことになりますし、他の市町村に対しても十分な警鐘になるものと考えます。」と回答し、「次期計画のスケジュールについての御質問でございますけども、本来であれば、26年（2014年筆者註）度のできるだけ早い時期に事業スキームや立地場所を含めた具体的内容の合意を目指してまいりましたが、ダイオキシン類の基準超過問題によりまして、再発防止策を含め、信頼回復のための取り組みを優先して進めなければならない状況」と述べ、フェニックスセンターの対応として「速やかに対応策を取りまとめ、信頼回復を図りつつ、次期計画に係る関係者の合意を形成し、27年（2015年筆者註）度中には次期事業に必要な法的手続のための基礎調査に着手する考えと聞いております。」と回答している。

　質問した議員も「今回のこのA市の件でまた一年間スケジュールがおくれてしまうということ」を認めたうえで、さらなる取り組みを大阪府等の関係者に要請している。

3.3　信頼回復の取り組み

　A市の事案を受けて、センターはA市以外のセンターに搬入のある焼却施設の全件調査を実施している。調査内容は、一般廃棄物の全事業場（113事業場）を対象に、①分析検査（排出者による分析検査）、②抜取検査（センターによる搬入時の分析検査）、③立入調査（センターによる所管行政庁と連携した事業場の状況調査）を、また産業廃棄物の全事業場（32事業場）を対象に抜取検査（センターによる搬入時の分析検査）を行うものであった。

　その結果、別の地方公共団体（市や一部事務組合）、民間事業者で計4件の基準

超過の事例が発覚した。これらはA市の例と異なり、今回のセンターの調査によって判明したものである。

センターでは、これらの事業者に対して直ちに搬入停止処分が行われ、改善実施および再発防止策が求められた。違反事実は、搬入がなされた中継基地および埋立処分場の周辺環境調査等の安全情報とともに、適宜、公表された。同時に基準超過の廃棄物が搬入された中継基地と埋立処分場については、所在自治体による周辺環境（水質・大気質）の調査も行われ、安全確認がなされた。

センターでは、違反事業者に対して、継続的な改善状況を確認のうえ、再発防止策などを関係団体会議に諮ってその合意のもとに搬入停止の解除が行われた。発端となったA市以外は2014年12月に、A市はさらに遅く2015年3月に解除された。

センターは、信頼回復のため、2015年度から他の排出団体に対しても、行政の廃棄物としては「全国で最も厳格かつ重層的な検査体制」[258]で臨むこととし、府県を通じて各市町村に要請し、排出者である市町村も要請に応えて体制の強化を図った。

4 3期事業の始動

4.1 3期計画の公表

2016年6月は大阪湾フェニックス事業の3期事業が始動し、そのことが明らかにされた時期と位置づけることができる。すなわち、同年6月に促進協幹事会において3期事業の基本的な事項が確認された。

本件を最初に報道したのは、2016年6月6日付の神戸新聞NEXTで、「新た

258　大阪湾広域臨海環境整備センター、2015年3月27日広報発表資料「ダイオキシン類基準超過廃棄物搬入事案を受けた大阪湾広域臨海環境整備センターの廃棄物受入に関する厳格な体制の導入等について」(http://www.osakawan-center.or.jp/images/pdf/to20151130/kishahappyou270327.pdf、2018年3月8日閲覧)。

163

第6章−事例分析5　大阪湾フェニックス事業の発展

な埋立処分場整備へ　神戸港と大阪港検討」の見出しで「近畿2府4県などで
つくる大阪湾広域処理場整備促進協議会は、『大阪湾広域臨海環境整備センター』
（大阪湾フェニックスセンター）の廃棄物処分場が2027年度に埋め立てを終えるこ
とを見込み、新たな処分場を整備する方針を決めた。神戸港と大阪港でそれぞ
れ検討を進める。」[259] としている。同年6月9日付で業界紙である建通新聞電子
版にも同旨の記事[260] が掲載された。全国紙としては、地方版であるが少し遅れて、
2016年8月24日付毎日新聞朝刊が「大阪湾フェニックス計画　ごみ新処分場、
神戸港先行」の見出しで、神戸港と大阪港に埋め立て容量計1,800万立方メー
トル規模の最終処分場を新設する方針と全体規模を伝えた。また「促進協議会では、
2カ所の新処分場建設で2028年度から20年間のごみを処分できると試算」[261]
していることも明らかにした。

　この報道から読み取れることは、3期事業の箇所付けが決定したこと、すなわ
ち神戸港と大阪港の両港湾管理者が、それぞれ所管する港湾区域内での廃棄物
の埋め立てに事実上合意したことを明らかにしている。

　神戸市は、関係自治体の中でもっとも早く、議会に対して正式に報告を行っ
ている。神戸市は、大阪側よりも早く2027年に2期事業の埋立が完了する予定
であることから、3期計画を先行して開始しなければならない事情があった[262]。
2016年6月21日、神戸市福祉環境委員会において、環境局長から次のような
報告がなされている。

　同委員会の配布資料によれば、「1. 趣旨」として「促進協議会において3期
事業に関する基本的な事項についての確認が行われたこと」を明らかにしたう
えで、「今後、大阪湾広域臨海環境整備センターによって、3期事業の具体化に

259　NEXTは神戸新聞社が提供する電子新聞サービス（https://www.kobe-np.co.jp/news/
　　shakai/201606/0009159308.shtml、2018年3月8日閲覧）。
260　建通新聞電子版（http://www.kentsu.co.jp/webnews/html_top/160608700073.html、2018年
　　3月8日閲覧）。2016年6月9日付。
261　2016年8月24日付毎日新聞朝刊
　　（https://mainichi.jp/articles/20160824/ddl/k28/010/405000c、2018年3月8日閲覧）。
262　後述のとおり、大阪湾での二処分場体制を確保するためである。

164

向けた検討が行われる予定」[263] であることが述べられている。そして合意がなされた3期事業の基本事項として次の3項目が列挙されている。

①3期処分場の計画容量
・2期事業終了後20年間にフェニックス圏域から発生する廃棄物量に見合う容量を想定。

②事業を検討する港湾
・大阪湾フェニックス3期事業は、大阪港、神戸港で検討する。
・現行の兵庫側広域処分場（神戸沖埋立処分場）での廃棄物受け入れの終了に合わせるため、上記のうち神戸港については、具体化に向けて必要な検討を先行して進める。

③供用開始時期
・神戸沖埋立処分場の廃棄物受け入れの終了に合わせて供用開始を想定。

　当該配布資料には、①の計画容量は数字の明示はないが、先の毎日新聞の報道で、およそ1,800万立方メートルと試算されていることが分かる。②と③は、万が一の事故などで一つの処分場が受け入れできなくなっても、日々排出される廃棄物の受け入れを担保するという二処分場体制の堅持のため、現神戸沖（2期事業）が終了する2027年（現行計画）に3期事業の新神戸沖処分場の受け入れを開始することを目標とすることを表している。

　これらの内容が、関係者間で共有されていたとみられる。計画容量を見ると、1期事業の泉大津沖・尼崎沖が計4,700万立方メートル、2期事業の現神戸沖・大阪沖が計2,900万立方メートルと比べて、規模が縮小しているのは、大阪湾の埋立可能海域の限界と廃棄物排出量の減少が背景にあるためだと考えらえる。

---

263 「フェニックス3期神戸沖埋立処分場（仮称）設置事業に係る環境影響評価方法書」（http://www.city.kobe.lg.jp/information/municipal/giann_etc/H28/img/fukushi280621-4.pdf、2018年3月8日閲覧）。

第 6 章−事例分析 5　大阪湾フェニックス事業の発展

表 6-5-1　現状（2 期まで）での広域処理場の位置及び規模に関する事項

埋立場所名	位置	規模 面積（ha）	規模 埋立容量（万㎥）
泉大津沖埋立処分場	堺泉北港 泉大津市夕凪町地先	203	3,100
尼崎沖埋立処分場	尼崎西宮芦屋港 尼崎市東海岸町地先	113	1,600
神戸沖埋立処分場	神戸港 神戸市東灘区向洋町地先	88	1,500
大阪沖埋立処分場	大阪港 大阪市此花区北港緑地地先	95	1,400

出所：大阪湾広域臨海環境整備センター HP[264]

また、この委員会配布資料は、参考資料で 2016 年 3 月末の 2 期事業処分場の計画・搬入実績を示したうえで、3 期事業処分場の検討対象港の現状として、瀬戸内海環境保全特別措置法によって海面埋立が厳しく制限されている中で、

図 6-5-2　大阪湾のフェニックス事業の状況

出所：2016 年 6 月 21 日神戸市福祉環境委員会配布資料

---

264 大阪湾広域臨海環境整備センター HP（http://www.osakawan-center.or.jp/index.php/sub-current-basic-plan、2018 年 3 月 8 日閲覧）。

「広域臨海環境整備センター法に基づく広域処理場整備対象港湾に指定されている大阪湾内の４港（別図参照）の状況を見ると、既に周辺環境への影響を配慮されており、現時点で埋立免許を取得している、または、今後の土地利用が想定されている神戸港、大阪港以外に３期事業の検討対象となる候補地がないのが実情」と説いている。

4.2 　負担問題

　前記委員会配布資料は、３期事業の最大の課題となっていた港湾管理者の負担をどうするかに対しては言及していない。負担に関係する事項は港湾管理者（みなと総局）の問題であるので、環境局が説明を回避したとも見えるが、みなと総局からこの時期に市議会に関係資料の配布がなされていないので、当該配布資料は所管両局で調整のうえ発出されたものと考えられる。したがって両局ともあえて負担問題については言及を避けたと思われる。

　しかし、議員としては負担問題に関心をもつのは当然であって、前記福祉環境委員会において以下の質疑が繰り広げられている。質問議員は「やはり神戸市だけが過剰というか、負担を他の排出自治体よりも、神戸市のみに負担を強いるようなことがないように」として、２期・３期の事業スキームについて「もう１度改めてその２期には排出自治体、それから神戸市がどれだけの負担の案分をして、それから回収の見込み、それがいつ回収されるのか。それから、今後の３期の事業費、回収のスキーム」[265] について説明を求めている。

　答弁した当局者は、当初スキームと２期の事業スキームの改善として「港湾管理者の負担を軽減するために、その負担額の一部を排出者が処分料金に上乗せしようということで料金改定」をおこなったことを説明し、「当然、港湾管理者の負担と受益が均衡するように、３期の考え方としては当初から排出者が処分量に応じて上乗せ負担をすると。今後の状況変化に応じて、排出者負担を柔軟

265 　2016 年 6 月 21 日神戸市福祉環境委員会での村野議員の質問。

第6章−事例分析5　大阪湾フェニックス事業の発展

に見直しするというような方針」[266] となっていて、アセスメントが実施され事業着手までの間に今後具体的な検討がなされる、と答えている。質問議員はさらに3期事業の具体的な数字を求めたが、答弁者は時期尚早としながら、「排出者負担を柔軟に見直しする方針」だとして「まさに港湾管理者の負担が過度にならないように」「基本的なことは協議会の中でも合意がなされて」いると回答している。

　なお、排出側の自治体である和歌山市の議会報告では「促進協議会幹事会にて基本的事項を確認し、今後は3期事業を具体化していくとの合意に至った」とし、上述の3期事業の基本事項の説明に加えて、「なお、廃棄物埋め立て護岸建設費等の費用負担については、排出者が港湾管理者の負担と受益が均衡するよう必要な負担をすること。また、廃棄物処分量に応じた負担や今後の状況変化に応じて柔軟に見直すことなどが確認されました。」[267] と述べられている。先の神戸市当局者の答弁と総合すれば、文書（先の委員会資料）に明示された3期事業の基本事項の3点（前節4-1参照）のほかに、「排出者が、港湾管理者の負担と受益が均衡するよう（当初からの）必要な負担[268] をする」という排出者側の約束と「廃棄物処分量に応じた負担や今後の状況変化に応じて柔軟に見直すこと」が確認されたことが分かる。

4.3　3期事業（新神戸沖処分場）の概要

4.3.1　位置・面積、容量及び期間

　3期事業のうち、先行する新神戸沖処分場（混同を回避するため3期には新、2期は現を付する）の概要は、センターのアセスメント計画で明らかになった。2017年9月に事業主体となる大阪湾広域臨海環境整備センターから「フェニックス3

266　2016年6月21日神戸市福祉環境委員会での村野議員への広瀬環境局長答弁。
267　2016年6月24日和歌山市厚生委員会での瀧谷一般廃棄物課長報告。
268　2013年10月の市町村等アンケートにおいて、多数が諾とした護岸建設費のイニシャルコスト負担を指すものと考えてよい。

期神戸沖埋立処分場(仮称)設置事業に係る環境影響評価方法書」[269]が公表された。それによれば新神戸沖処分場の計画諸元は以下のとおりである。

位置は現神戸沖処分場の西に隣接した75haで、最終処分場のうち埋立処分の用に供される場所の面積は、護岸の区域を除く70ha程度である。

埋立可能な容量は、埋立処分の用に供される場所の面積及び水深から試算したところ、約1,200万㎥である。

護岸及び施設の建設等の工事に必要な期間は、大阪湾フェニックス事業で整備した最も新しい大阪沖埋立処分場の事例を基に概ね8年程度を見込んでいる。また、廃棄物の埋立てには覆土等を含めて概ね20年程度の期間を見込んでいる。

図6-5-3 新神戸沖処分場周辺の航空写真

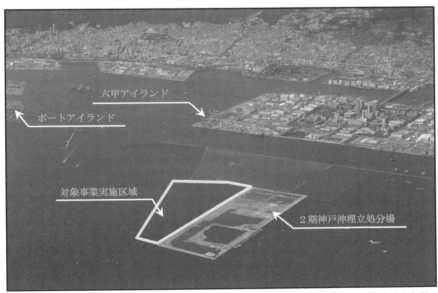

〔大阪湾広域臨海環境整備センター資料(平成27年9月14日撮影)より作成〕

---

269 「フェニックス3期神戸沖埋立処分場(仮称)設置事業に係る環境影響評価方法書」(http://www.city.kobe.lg.jp/information/committee/environment/eia/img/mat03-165th.pdf、2018年3月9日閲覧)。

第 6 章-事例分析 5　大阪湾フェニックス事業の発展

図 6-5-4　新神戸沖処分場位置図

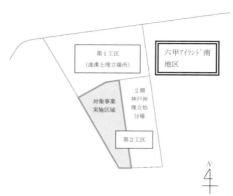

出所：大阪湾広域臨海環境整備センター「フェニックス 3 期神戸沖埋立処分場（仮称）
　　　設置事業に係る環境影響評価方法書」（2017：2-5）

4.3.2　受け入れる廃棄物量

受け入れる廃棄物量は、促進協において将来の推計人口や促進協の減量化目標、近畿 2 府 4 県の廃棄物処理計画等を踏まえて検討した結果、2 期事業の終了後 20 年間に大阪湾フェニックス事業が受け入れる必要がある廃棄物の量は、覆土等を含めて 1,770 万 m³ とされた。

これに対して、大阪港及び神戸港において大阪湾フェニックス事業の埋立処分場として確保可能な容量は最大でも約 1,800 万 m³ であり、1,770 万 m³ の廃棄物を処分するためには、その全量を使用する必要があることから、新神戸沖処分場により処分する廃棄物の量は、先述の埋立可能容量の全量の約 1,200 万 m³ （覆土等を含む）とするとしている。

表 6-5-5　2 期事業の終了後 20 年間に大阪湾フェニックス事業が受け入れる必要がある
　　　　廃棄物の量

区分	一般廃棄物	上下水汚泥	産業廃棄物（上下水汚泥を除く）	陸上残土等	計
容量(万 m³)	780	120	340	530	1,770

出所：大阪湾広域臨海環境整備センター「フェニックス 3 期神戸沖埋立処分場（仮称）設置事業に
　　　係る環境影響評価方法書」（2017：2-7）

5 3期事業決定をめぐるアクターの動き

3期事業の実施は、2期の事業スキーム変更の際の前提条件でもあった。2期事業の途中でスキーム変更として、港湾管理者の護岸使用料によるフェニックスの料金値上げに排出者が応じたのは、ひとえに港湾管理者に3期事業に参加してもらう必要があったためであった。

2期の事業スキーム変更における負担の見直しとして行われた港湾管理者の負担軽減措置は、埋立終了後の土地評価の減少に関してなされたものである。

大阪府議会での当局者は2期事業は、2001年の神戸沖埋立処分場の受け入れ開始後に不動産鑑定評価基準が改定され、これにより、廃棄物処分場跡地の土地評価額が減少するということになって、「その土地の評価額の減少分について、市町村や民間産業廃棄物排出事業者がフェニックスセンターに処分料金として支払い、さらに、同センターが護岸使用料として港湾管理者に支払うという仕組みを、種々検討の末、関係者の合意を得て、平成24年（2012年）度から実施」をしたと答弁している[270]。

2期のスキーム変更に至る前の3度にわたる国への要望のなかで、港湾管理者が挙げる負担改善要望の理由は「循環型社会の推進による最終処分量の減量化等により埋立期間が大幅に延伸され、土地処分時期が遅れていることに加え、廃棄物の処理及び清掃に関する法律（廃棄物処理法）や不動産鑑定評価基準の改定など、主として管理型処分場を中心に、廃棄物処分場を取り巻く社会環境が計画当初に比べて著しく変化しており、計画どおり埋立て造成された土地の売却益により廃棄物埋立護岸建設費の償還に充てるだけの残余が見込めない状況になっている」（2011年3月9日付要望書抜粋）と記載している。

このように2期事業のスキーム変更は、既存のフェニックス事業のスキームの中で、港湾管理者の被る損失、とくに土地評価額の減少など現時点で確定し

---

270 2014年3月13日大阪府議会環境農林水産常任委員会 青野議員への田邊資源循環課長 答弁。

第 6 章−事例分析 5　大阪湾フェニックス事業の発展

ているマイナス分を補てんしたものと考えることができる。

　しかし、新たに 3 期事業を港湾管理者が決意するためには、これだけでは不十分で、さらなる負担の見直しが求められることになった[271]。港湾管理者からすれば、出来上がった土地の制約が厳格化され[272]売却して起債を償還するうえでのリスクが増大しており、このリスクを減殺するために護岸使用料という事後的な負担ではなく、護岸整備費への当初からの直接的な負担が求められていたからである。

　2014 年 8 月の促進協議会の国への要望[273]において、「管理型海面処分場の埋立竣工後の跡地を早期に利用できるよう、早期安定化及び利用高度化（暫定利用）の促進を可能とする技術の検討及び手法の確立」が挙げられている。

　すなわち、廃棄物埋立が完了し、覆土をして土地造成が竣工しても、ただちに土地利用ができるわけではなく、最終処分場の廃止という手続きが必要となる。その廃止基準が厳格化され、管理型処分場は埋立処分後も長期にわたって利用が制限される[274]こととなるので、当然ながら商品として売却処分することができない。これが港湾管理者にとって、起債償還を行う上でのリスクとなる。

　神戸市議会でも、埋め立てた土地に「買い手がつかなかったときも想定をして、排出自治体に、例えば 5 年、売れる状態になってから 5 年、売りにかけたけれども買い手がつかなかったときには売れなかったということを認定して、いわゆる排出自治体できちっと案分して負担をしてもらうとか、そういう神戸市だけが将来的に買い手がついて初めて回収ができるというのは、余りにもリスクが大きいんではないか」[275]という将来の償還リスクを懸念する質問もある。

　そこで護岸整備費について排出団体に対して建設段階から費用負担、すなわちイニシャルコストの負担を求める発想が生まれた。このことは、2 期の事業ス

271　このことは 2012 年スキーム変更時からも予測されていた。なぜならこの時点での当時港湾管理者が見直しを要求していた港湾管理者の護岸整備費負担のおよそ半分であったからである。
272　1998 年 6 月省令改正により最終処分場の廃止基準が明示された。
273　2014 年 8 月 の 促 進 協 議 会 の 国 へ の 要 望 書 （www.city.kyoto.lg.jp/kankyo/cmsfiles/contents/0000217/217419/5-91.pdf、2018 年 1 月 6 日閲覧）。
274　「埋立終了から安定化まで数十年、さらに埋立物や埋立構造、埋立作業方法によっては数百年かかる」田中（2003：683）。
275　2016 年 6 月 21 日神戸市福祉環境委員会での村野議員の質疑。

172

キーム変更のあと、2012 年、2013 年と促進協が実施した 168 市町村等アンケートの結果でうかがえる。

2014 年 2 月の大阪府議会の常任委員会答弁[276]で「平成 24 年（2012 年筆者註）年度に促進協議会におきまして行いました市町村等へのアンケート結果では、府内を初め、フェニックス圏域の大半の市町村は、現在よりも費用負担が増加しても、廃棄物を安定的に処理するために、3 期フェニックス事業へ参画するという回答でございました。また、護岸建設費への負担につきましては、促進協議会におきまして、昨年（2013 年筆者註）10 月に、護岸建設費のイニシャルコスト負担の可否について、市町村等へのアンケートを行いました。そのアンケートの結果でございますけども、フェニックス圏域の 168 市町村は、イニシャルコストとして負担するという回答が 58％でございました。具体的な案が提示されれば検討するという回答が 23％というふうな回答を得ております。」との報告がなされている。

これを見ると、促進協は 2 期事業の新スキームがスタートした 2012 年度から 168 市町村へのアンケートを実施し、3 期事業の必要性、参画の可否、さらなる排出者負担の可否について尋ね、大半の市町村がこれに諾と答えている。これによって、アンケート実施の時点で促進協の主要メンバーの間では、3 期事業実現のためには更なる排出者側の譲歩が不可欠であるという認識がすでに共有されつつあったと見ることができる。かつ個々の排出自治体も、アンケートを通じて排出者側の譲歩の必要を認識・覚悟して応諾の意思を示したと考えることができる。留意すべきは、この時期が 2 期事業のスキーム変更によって、港湾管理者に支払うべき 530 億円捻出のために行う 3 年ごと 3 回の値上げの初回が終わったばかりの時点ということである。先の話であるとはいえ、排出自治体にとってそれだけフェニックス事業の継続・発展が渇望されていたことを示す事実である[277]。

---

[276]　2014 年 3 月 13 日大阪府議会環境農林水産常任委員会での青野議員への山本循環型社会推進室長答弁。

[277]　二処分場体制の維持のために、タイムリミットが迫っている事情も排出者の背中を押す要素であった。

第6章−事例分析5　大阪湾フェニックス事業の発展

　そして 2013 年 10 月の 2 回目のアンケートでは、「さらなる排出者負担」の
中身として先述のイニシャルコスト負担に対する可否が質問されている。この
ことは促進協の排出側の環境部会と港湾管理者側の港湾部会との間で少なくと
も一定の協議がなされ、その内容をふまえてアンケートが実施されたと考える
のが妥当である。そしてアンケート結果は、約 6 割が諾とし、2 割は具体案が出
されれば検討するという内容であった。つまり、全体的には 3 期事業にイニシャ
ルコストの負担も含めて前向きの方向が出された。

　その後、2014 年度のダイオキシン問題による準備作業の停滞を経て、2015
年度の具体的な箇所付け・規模の検討をうけて、2016 年 6 月の促進協幹事会決
定では、3 期事業の実質的なゴーサインとなる「廃棄物埋め立て護岸建設費等の
費用負担については、排出者が港湾管理者の負担と受益が均衡するよう必要な
負担をすること。また、廃棄物処分量に応じた負担や今後の状況変化に応じて
柔軟に見直すことなどが確認」[278] された。これで、負担の規模・割合の決定は
残されるものの、護岸建設費を排出者が名実ともに負担するという形にフェニッ
クス事業の根本的なスキームが変更された。

6　分析

6.1　2 期事業のスキーム変更、3 期事業の新スキームの意義

　1981 年の法制定当初、大阪湾フェニックス事業の開始当時の基本スキームは、
港湾管理者が護岸を整備し、排出者が廃棄物の埋め立てを行い、出来上がった
土地は港湾管理者が港湾の秩序ある発展に活用するという形で、港湾事業と廃
棄物処理事業が組み合わされた事業であった。

　しかし、2 期事業では、港湾管理者が被る負担軽減のため、排出者が護岸整備

278　2016 年 6 月 24 日和歌山市厚生委員会での瀧谷一般廃棄物課長報告。

費用の一部を負担する形でスキーム変更が行なわれた。ただしこの変更は、港湾法上、排出者の護岸使用料はもともと条例にもとづく使用料として位置づけられており、排出者の護岸使用料の支払いは埋立処分のための運営経費の負担にとどまるもので、形式的には当初の基本スキームの範囲から逸脱したものでない。

しかし、3期事業のスキームは、排出者が護岸整備費を負担することによって港湾整備の目的は後退し、廃棄物処理の目的が全面に押し出され、言わば港湾管理者が排出者に場所貸しを行うという意味合いに変化している。そのため、当初の廃棄物処理と港湾の秩序ある整備という2本立てスキームを大きく変更することとなった。

3期事業のスキームが出来上がった背景は、低成長の構造化によって港湾用地・港湾関連用地を始めとする土地の価値が下落したこと、及び環境法制の厳格化によって埋立処分場の事後規制が強化されて埋立地が一定期間処分できなくなり、護岸整備に要した費用の償還が困難になったことの二つの事情が影響している。焼却灰などの廃棄物による埋立地は、長期的な視点から見れば処分することは可能だが、短期的には一定期間処分できないため評価額も低下し、整備費用の償還が叶わないため負の財産になって、埋立地の NINBY 化が生じる事態となった[279]。かつては、それ自体が価値を生み出すはずであった埋立地が、長期間のお荷物になる可能性が出てきたのである。3期の新スキームはそれに対応するものであったと言えよう。

6.2 国からの自立と自治組織化

2期事業のスキーム変更、そして3期事業の新スキームも、すべて促進協を中心に構成自治体の主導で行われている。

もちろん、促進協の事務局とセンターの担当者が適宜、環境省・国土交通省

---

279 NINBY（not in my backyard）とは、三省堂『大辞林』によれば、原子力発電所やゴミ焼却施設などの必要性は認めるが、自分の居住地の近くに作られるのは困るという考えを表す言葉。

に報告・相談して変更を進めていることは当然である。「もともと決まったものを計画変更するとなると、国のほうの許可をいただいたものをさらに変更していくということでありますから、一定のまたハードルが高いものがあるということであろうと、僕は理解しております。」[280] という大阪府議の質疑中の言葉にあるとおり、国が作った元のスキームを変更するには、指導官庁の国としては当然、抵抗もある。

　国に対する説得手段が「地元の総意」であった。2011 年の 2 期事業のスキーム変更過程について、大阪府当局者は「平成 24 年（2012 年）3 月に基本計画を変更したときの例によりますと、フェニックス圏域の府県等で構成いたします大阪湾圏域広域処理場整備促進協議会、通称促進協議会というふうに呼んでおりますけども、これの環境・港湾部会において議論を行い、国との事前調整を図りながら計画変更の方向性を取りまとめました。その後、その方向性について、フェニックス圏域の 168 市町村の合意を得たところで」[281] あると説明されている。当時、2 府 4 県だけでなく 168 市町村全ての合意を個々に取り付けたことを示している。

　全自治体の具体的な合意が、民間排出者のコンセンサスと合わせて国への説得の道具となった。また、民間排出者からの値上げへの反対の声が出れば、スキーム変更に対する国の反対の動きを招きかねない。このためセンターは民間排出者を代表する各府県産廃協議会への説明に努めた。3 期事業推進のために 2 期事業のスキーム変更が必要ということを説得し、最終的に民間排出者から値上げを含めて基本計画の変更に反対は出なかった。

　3 期事業の新スキームについても、促進協は府県部会での説明と合わせて、個々の自治体の意向を打診する 2 回の市町村等アンケートを実施するなど負担のあり方についての「地元の総意」の形成を行ったうえで 3 期事業の決定を行なっている。

280　2013 年 10 月 17 日大阪府議会環境農林水産常任委員会での青野議員の質疑。
281　2013 年 10 月 17 日大阪府議会環境農林水産常任委員会での青野議員への田邉資源循環課長答弁。

7 含意

7.1 港湾管理者のお返しと互酬性の堅持

　自治体間の広域連携が、社会システムの２分論である組織（ハイアラーキー）や市場（取引）とも異なる第３のシステムであるネットワーク組織に移行しつつあるという仮説に対して、フェニックス事業は、ここ３期事業でもその実例を示している。３期事業の実現は、フェニックス事業が信頼と互酬性が重視されるネットワーク組織になっていることを明らかにした。

　センターが、２期事業のスキーム変更にあたって排出者である自治体や民間産廃事業者に対して行った説得の材料は「３期のため」であった。２期事業のスキーム変更が課題となった2011年時点で、港湾管理者の不満を解消しておかなければ、港湾管理者の合意が必要な３期事業の協議ができない状況にあったからである[282]。

　ただ２期事業のスキーム変更は、あくまで２期に関して大阪・神戸両港湾管理者の負担と報酬のアンバランスを解消するものであって、道義的な責任[283]はともかく、港湾管理者が３期事業開始の法的な責任を負うものではない。議会のコンセンサスがとれないなど政治的あるいはその他の理由を口実に遷延することも十分可能であった。

　しかしながら、３期事業が実現したことは、２期事業のスキーム変更との単なるバーター取引ではないものの、２期事業スキーム変更で排出者側が示した譲歩に対する港湾管理者からの明確な返礼である。そして、新たに生まれる大阪・神戸両港湾管理者の負担と報酬のアンバランス（表6-5-2）が、さらなる（大阪沖

282　2011年時点で２期事業の産廃枠が枯渇し、直ちに枠変更する必要に迫られていた事情もある。
283　2012年8月16日兵庫県農政環境常任委員会での迎山議員質問中に「次期事業は確約されているということだが」の質疑があるが、答弁では触れられず、事務当局の事前レクなどでの非公式発言を偶々捉えたものと考えられる。

第 6 章–事例分析 5　大阪湾フェニックス事業の発展

での）事業の継続に結びつく可能性は、ネットワーク組織の特性である信頼と互酬性から十分に考えられる。

表 6-5-6　2 期事業の護岸使用料総額と 3 期事業の提供容量

	2 期の護岸使用料総額[284]	3 期の提供容量（万 ㎥）[285]
神戸港	約 180 億	1,200
大阪港	約 350 億	600
合　　計	約 530 億	1,800

出所：筆者作成

7.2　国の影響から脱却したシステムとしてのネットワーク組織化

　フェニックス事業は、国の特別法に基づいて創設された広域連携制度である。基本計画の許認可など手続き面で、監督官庁である国の制約を受けつつも、排出者である一般の自治体は、事業への参加あるいは具体的な廃棄物排出について、個々の自治体の自由度は高い。実質的には廃棄物埋立処分場を利用する契約関係と構成することも可能である。しかし、排出者は自由な立場ながらもフェニックス事業の維持のため、自治体相互の協調的な対応が求められることとなった。

　また、海面埋め立ての諾否を判断する立場にある自治体（港湾管理者）は、交通・漁業・環境の諸機能を有する貴重な公有水面である海域を対象として、環境保全の責任を有する行政が負う公共的立場からの制約、また個々の自治体が長期的、短期的な利害得失を見極めながら住民への説明責任を負うという私益的な立場からの制約を受けながら、各自治体が自ら判断して決定を行わねばならない。そこでは、基本的には自らの権限により独立した判断が可能であるが、結局、他の自治体との協調の側面が無視できなかったと言える。

　このように、2 期スキーム変更から 3 期新スキーム決定の過程は、国の影響を離れて、自己決定・自己責任による各自治体が自らの判断で行動する構図が見

284　2 期埋立期間・残量・値上げ時期からの筆者試算。
285　大阪湾広域臨海環境整備センター (2017:2-7)。

178

えてくる。そして、その振舞いが自己利益中心のリバイアサン的な行動でなく、事業全体を維持するための協調的なものとなった。

　フェニックス事業が当初目指された公団方式から、広域連携制度となって誕生した過程、スキーム変更や危機管理を通じて徐々に国の支配から脱して水平的な自治組織に変化していく経緯をたどれば、そこには自治体間の相互の信頼と互酬性が重要な要素となるネットワーク組織の実態が見えてくる。

　近年、広域連携制度について、個々の自治体の自主性・自由度を高める方向での地方自治法の改正とも相まって、大阪湾フェニックス事業の動きは地方分権時代の中で広域連携のネットワーク組織化の一例と捉えられる。

第7章　循環型社会と廃棄物の広域処理

1　循環型社会形成推進基本法の成立

　廃棄物処理の世界では、廃棄物の広域処理の動きに逆行するようにも見える新しい潮流が生まれている。地球温暖化の危機感を背景にして、廃棄物処理に対する社会の意識が急速に変化してきている。

　国は、近代化に伴う大量生産・大量消費・大量廃棄に対する反省から、循環型社会形成推進基本法（平成12年法律第110号）を成立させ、2000年6月に公布した。その法律制定の背景と内容[286]を見てみよう。

　法律成立当時の背景を振り返ると、第一に当時の廃棄物の発生量が高水準で推移していたことが挙げられる。1990年代後半に一般廃棄物の発生量は約5千万トン、産業廃棄物の発生量は約4億トンで推移している。第二にリサイクルについて一層の推進を求める社会的要請があったことである。ちなみに1996年度のリサイクル率は、一般廃棄物約10％、産業廃棄物約42％になっている。第三に廃棄物処理施設の立地の困難性が挙げられる。1996年度の最終処分場の残余年数は一般廃棄物で8.8年、産業廃棄物で3.1年である。第四に不法投棄の増大が挙げられる。不法投棄の件数は、1998年度では1,273件と1993年度の4.6倍に増大している。

　これらの問題解決のために、大量生産・大量消費・大量廃棄型の経済社会から脱却し、生産から流通、消費、廃棄に至るまでの物質の効率的な利用やリサ

286　環境省HP参照。　(http://www.env.go.jp/recycle/circul/kihonho/shushi.html、2017年10月4日閲覧)

イクルを進め、資源の消費を抑制して環境への負荷が少ない循環型社会を形成することが急務とされたことは当然でもあった。

　成立した法律内容としては、まず第一に形成すべき循環型社会の姿を提示したことである。循環型社会とは、廃棄物等の発生抑制、循環資源の循環的な利用及び適正な処分が確保されることによって天然資源の消費を抑制し、環境への負荷ができる限り低減される社会として定義している。第二に法の対象となる廃棄物等のうち有用なものをあらたに循環資源と定義した。そして法の対象となる物を有価・無価を問わず廃棄物等とし、廃棄物等のうち有用なものを循環資源と位置づけてその循環的な利用の促進を求めている。第三には処理の優先順位を法定化して、発生抑制、再使用、再生利用、熱回収、適正処分の優先順位とした。第四に国、地方公共団体、事業者及び国民の役割分担を明確化している。循環型社会の形成に向け、国、地方公共団体、事業者及び国民が全体で取り組んでいくためにこれらの主体の責務を明確にし、特に事業者・国民の「排出者責任」を明確化して、生産者が自ら生産する製品等について使用され廃棄物となった後まで一定の責任を負う拡大生産者責任の一般原則を確立した。最後に国がリーダーシップを示すため、政府が循環型社会形成推進基本計画を策定することとしている。

2　循環型社会とフェニックス事業

2.1　3Rへの取り組み

　日本では2000年6月公布された循環型社会形成推進基本法において3Rの概念が初めて正式に導入された。同法によって循環型社会の構築に向けて、廃棄の前に3R(リデュース・リユース・リサイクル)[287]を行うことが優先されることとなった。

287　3Rとは Reduse(廃棄物の減量化)、Reuse(再利用)、Recicle(再生利用)のキャンペーン用語である。(http://3r-forum.jp/3r/index.html、2017年10月4日閲覧)。

第 7 章　循環型社会と廃棄物の広域処理

　3R を実施する場合は、廃棄物ごとに処理方法が異なるために広域処理による廃棄物の大量処理よりも小規模でこまめな処理が望まれる。このような少量で手のかかる処理を実施するには、小規模な施設で労働集約型の作業が適しており、広域処理とは逆のスケールメリットが働くため、人口の少ない地方自治体の方が 3R の徹底が図りやすい[288]。(表 7-1 リデュース・リサイクル先進自治体、リデュース（1 人 1 日当たりのごみ排出量）の取組の上位 10 市町村、リサイクル（リサイクル率）の取組の上位 10 市町村参照)。

2.2　関東圏と関西圏の 3R の取組比較

　関東圏に比べて近畿圏にリデュース・リサイクルの上位団体に入る自治体が極端に少ないことから、近畿圏の廃棄物リサイクル率が、大阪湾フェニックス事業があるために関東圏に比べて低い[289] と見ることもできる。また大阪湾フェニックス事業によって広域処理を行うことによる効率化がもたらすコストダウンがリサイクルの妨げになることが指摘[290] されている。

　近畿ではフェニックス事業による処理によって一般廃棄物の焼却灰はトンあたり 10,809 円[291] の最終処分費が必要とされる。これに対して関東では、フェニックス事業が存在していないので、市町村の焼却灰は、公共の廃棄物処分場で処理されるほか、民間の産業廃棄物処分場でも処分されているが、民間の産業廃棄物処分場では処分単価が高騰して 2 万 5,000 円から 3 万円に跳ね上がっている[292]。ちなみに、一方焼却灰をセメント工場で使うと 2 万 5,000 円くらいで収

288　環境省大臣官房廃棄物・リサイクル対策部廃棄物対策課『日本の廃棄物処理 27 年度版（平成 29 年 3 月）』p.11 参照。
289　リデュース・リサイクル上位団体を圏で見れば、関東圏 28 団体に対し近畿圏 1 団体である。
290　由田（2010：27）参照。
291　2012 年度からのスキーム改善に伴う 3 度目の値上げが 2018 年度に実施された。http://www.osakawan-center.or.jp/index.php/disposal-price-list 2018 年 4 月 21 日閲覧
292　2009 年度フェニックスセンター市町村説明会で示された全国廃棄物処理公社等廃棄物処理料金設定状況調べによれば、大阪湾センター以外の焼却灰の最高額が 38,800 円、平均額 16,670 円となっている。地球環境関西フォーラム第 76 回循環社会技術部会「大阪湾フェニックス事業が果たしてきた役割と今後の展望」（樋口進大阪湾広域臨海環境整備センター環境課長）p.22
（http://www.global-kansai.or.jp/bukai/img/H24.9.14-junkan.pdf、2017 年 9 月 30 日閲覧）。

182

まるとされ[293]、焼却灰をセメント工場で引き取ってエコセメントにするリサイクルビジネスが成立している。

　循環型社会が到来するとともに、フェニックス事業という広域連携が頓挫した首都圏が循環型社会への推進において先行し、フェニックス事業成立した近畿圏は、その効率性が理由となって循環型社会への対応が遅れているという皮肉な結果が生まれている。

　ちなみに、最新の環境省調査によれば、都道府県レベルでは長野県が３年連続で１人当たりごみ排出量の少なさ日本一となっている。その理由が、長野県は山がちで最終処分場の適地が少なく、2015年度の排出量６万２千トンのうち25％が県外で処分され、処理コスト高のため市町村がごみ減量に力を入れた結果だとされており[294]、ここでも廃棄物処理における海面埋め立ての功罪が問われている。

293　セメント工場に焼却灰を持ち込めば引き取り料が発生する。太平洋セメント⑭の場合はトンあたり20,000円とされている。経産省ＨＰの公表価格。
　　(http://www.meti.go.jp/policy/recycle/main/3r_policy/policy/html/pdf2/16moegara.pdf、2018年４月21日閲覧)。
294　日経新聞2018年５月14日付朝刊、コラム「時流地流」。

第7章　循環型社会と廃棄物の広域処理

表7-1　リデュース・リサイクルの先進自治体（2015年度）

1　リデュース（1人1日当たりのごみ排出量）の取組の上位10市町村

人口10万人未満		人口10万人以上50万人未満		人口50万人以上	
1. 徳島県	神山町 272.2 グラム/人日	1. 東京都	小金井市 626.1 グラム/人日	1. 東京都	八王子市 815.3 グラム/人日
2. 奈良県	野迫川村 298.3 グラム/人日	2. 静岡県	掛川市 658.0 グラム/人日	2. 愛媛県	松山市 817.5 グラム/人日
3. 長野県	南牧村 325.6 グラム/人日	3. 東京都	日野市 673.9 グラム/人日	3. 広島県	広島市 853.6 グラム/人日
4. 長野県	川上村 327.2 グラム/人日	4. 静岡県	藤枝市 682.0 グラム/人日	4. 神奈川県	横浜市 866.4 グラム/人日
5. 長野県	中川村 351.7 グラム/人日	5. 東京都	国分寺市 694.6 グラム/人日	5. 埼玉県	川口市 867.3 グラム/人日
6. 長野県	平谷村 356.6 グラム/人日	6. 東京都	府中市 695.3 グラム/人日	6. 神奈川県	川崎市 884.0 グラム/人日
7. 長野県	泰阜村 371.7 グラム/人日	7. 東京都	西東京市 703.4 グラム/人日	7. 京都府	京都市 884.3 グラム/人日
8. 宮崎県	高原町 380.0 グラム/人日	8. 東京都	東村山市 717.8 グラム/人日	8. 静岡県	浜松市 889.0 グラム/人日
9. 熊本県	美里町 403.0 グラム/人日	9. 東京都	三鷹市 724.8 グラム/人日	9. 神奈川県	相模原市 898.0 グラム/人日
10. 長野県	豊丘村 420.8 グラム/人日	10. 神奈川県	座間市 732.7 グラム/人日	10. 埼玉県	さいたま市 912.6 グラム/人日

2　リサイクル（リサイクル率）の取組の上位10市町村

人口10万人未満		人口10万人以上50万人未満		人口50万人以上	
1. 鹿児島県	大崎町 83.2 %	1. 岡山県	倉敷市 51.6 %	1. 千葉県	千葉市 32.6 %
2. 徳島県	上勝町 79.5 %	2. 東京都	小金井市 49.4 %	2. 新潟県	新潟市 27.8 %
3. 鹿児島県	志布志市 76.1 %	3. 神奈川県	鎌倉市 48.4 %	3. 東京都	八王子市 26.5 %
4. 長野県	木島平村 73.3 %	4. 東京都	国分寺市 39.7 %	4. 神奈川県	横浜市 25.5 %
5. 福岡県	大木町 65.3 %	5. 埼玉県	加須市 38.7 %	5. 福岡県	北九州市 25.4 %
6. 北海道	興部町 60.4 %	6. 東京都	調布市 38.4 %	6. 愛知県	名古屋市 24.5 %
7. 北海道	本別町 59.5 %	7. 東京都	府中市 38.3 %	7. 埼玉県	川口市 23.1 %
8. 北海道	小平町 58.5 %	8. 東京都	東村山市 36.8 %	8. 北海道	札幌市 22.5 %
9. 北海道	陸別町 55.8 %	9. 東京都	西東京市 34.7 %	8. 埼玉県	さいたま市 22.5 %
10. 北海道	喜茂別町 55.4 %	10. 東京都	武蔵野市 33.9 %	10. 愛媛県	松山市 20.0 %

出所：環境省大臣官房廃棄物・リサイクル対策部廃棄物対策課『日本の廃棄物処理27年度版（平成29年3月）』

第8章　広域連携と民主的統制

—フェニックス事業と阪神水道企業団との比較

1　一部事務組合の民主的統制

　広域連携の基本形である一部事務組合の民主的統制に関して、その脆弱性を指摘する研究が見られる。大和田（1999）は東京都三多摩地域廃棄物処理組合の事例分析を行い、組合の議会議員の選任例などを挙げつつ、一部事務組合が広域化・大規模化すれば参加自治体の当事者能力が低下し、また住民の視点でのチェックが困難になることを指摘している。

　また、鄭（2013）は、廃棄物行政にかかる一部事務組合が迷惑施設を整備するための行政機関として受け皿化していると指摘する。住民の理解を得ることが難しい施設整備の分担を図り、当該自治体に向けられる反対の声を減少するための便利なツールであり、行政は面倒な事務を一部事務組合という責任主体の不明確な主体に負わせ、説明責任まで曖昧にさせているという[295]。

　さらに、鄭（2013）は、一部事務組合のガバナンスの問題点を構成団体の住民、首長、議会、組合の職員の4者の視点から指摘している。住民は一部事務組合に対して直接請求規定がなく、情報提供の不足から住民から遠い存在となっていること。首長は一部事務組合の管理者・副管理者となる場合が多いが、組合と構成団体に責任が分散され、責任の所在が曖昧になってしまうこと。議会

---

[295]　鄭（2013:98）。

185

第 8 章　広域連携と民主的統制　—フェニックス事業と阪神水道企業団との比較

は一部事務組合の議会に議員を送り込むケースが多いが、報酬の二重取り・議論の時間が短い・発言回数が少ない・住民への公開（傍聴）が進んでいないこと。組合の職員については、監査の形骸化と経費節減のために構成自治体からの派遣が減少し、民間委託の職員ばかりとなっていることなどを挙げている[296]。

2　阪神水道企業団（一部事務組合）のしくみ

　大阪湾フェニックスセンターと同様に、関西の地方自治体間で連携して事業を実施している団体に、水道事業を実施する阪神水道企業団（一部事務組合）が存在している。大阪湾フェニックスセンターと阪神水道企業団は、共同の施設を整備し、物品・サービスを提供することでは同じであるが、大阪湾フェニックスセンターが特別法による特殊法人であり、阪神水道企業団が地方自治法にもとづく特別地方公共団体の一つとして地方公営企業の経営に関する事務を共同する一部事務組合であるという法形式に大きな違いがある。

　阪神水道企業団は、神戸市・尼崎市・西宮市・芦屋市（2017年度から宝塚市が参加）で構成され、淀川で取水した水（原水）を浄水場で処理した後、ポンプ場を経由して水道用水を確保し、構成団体に供給している。一部事務組合である阪神水道企業団には議会が存在する関係から、議員は構成市の市長とそれぞれの議会の代表が就任している。議員定数は15名であり、内訳は、神戸市8名、尼崎市3名、西宮市2名、芦屋市1名、宝塚市1名となっている。

　2016度の議会活動は、定例会4回（11月28日、12月22日、2月28日、3月22日）・臨時会1回（8月10日）、決算特別委員会2回（11月28日、12月22日）、決算特別委員会分科会8回（12月1日〜12月20日）、予算特別委員会2回（2月28日、3月22日）、予算特別委員会分科会8回（3月1日〜3月14日）の開催状況にあり、この間に議会運営委員会8回（7月28日、9月9日、10月17日、11月18日、12

296　鄭（2013:103-109）。

月20日、2月17日、3月21日、3月22日）と議員協議会4回（6月16日〜7月19日）
及び全体議員協議会（8月2日）が開催されている。

　議会は小規模で議員定数は少ないが、議会活動は一般の地方自治体の議会活
動とほぼ変わらない。開催方法は、各市の議会に赴くほか、開催日程を重ねる
なり、分科会を開催するなどの形で行われているが、議会の開催にかかる手続
きはかなり煩雑になる。

　行政執行の一部を担う組織である点で両者は同じくするが、大阪湾フェニッ
クスセンターでは、特別法による認可法人であって議会は設置されておらず、
公法人組織の例にならって理事会方式が採用されている。またセンターの各機
関は主要団体の長および職員のみで構成され、執行機関の補助職員も一部のプ
ロパー職員を除いて構成自治体からの出向者で占めている。

表 8-1　大阪湾フェニックスセンターと阪神水道企業団の組織比較

	大阪湾フェニックスセンター	阪神水道企業団
法人格	特殊法人	一部事務組合
議決機関	管理委員会（知事・3政令市長） 理事会（府県・主要市職員）	議会（構成市の市長と議員）
執行機関	理事長・副理事長	企業長
監査機関	監事（府県職員）	監査委員

出所：筆者作成

3　フェニックス事業と民主的統制

　フェニックス事業の理事会は事業運営に関わるものの、住民代表機関ではな
い。施設周辺の住民をはじめとして事業に関心がある市民の疑問や意見を集約
して事業責任者に質問したり、監視する機能はない。

　2014年にダイオキシン・ショックが起こった際には、フェニックス事業に議
会がない関係から住民の疑問や意見を届ける機関がなく、関西広域連合の議会
において、神戸沖処分場に近接する神戸市東灘区選出議員が、たまたま関西広

第 8 章　広域連携と民主的統制　―フェニックス事業と阪神水道企業団との比較

域連合議会の神戸市選出議員であったことで、神戸市民を代表する立場で行政
の対応について質問がなされている[297]。こうした場がなければダイオキシン・
ショック事件に対して、フェニックス事業に対して地元住民からのチェックが
働かなった可能性がある。

　一部事務組合においても効率重視の観点から議会を廃止し、理事会制にしよ
うという動きがあるが、事業の民主的統制を考えた場合、議会の監視機能は無
視できない。今後の広域連携の制度設計においても、市民の監視の容易さをふ
まえた民主的統制の必要性を踏まえた議論が求められよう。

297　2014 年 6 月 28 日関西広域連合議会臨時会会議録 p.44-47 参照。安井議員から嘉田委員への質疑。

第9章　総括

1　各章の要約

　第1章は広域連携と廃棄物の広域処理をテーマにして、問題意識や研究目的と研究方法等について言及した。低成長と人口減少時代を迎えて、投資コストと行政のサービス水準を両立させようと、効率性を求めて広域連携への期待が高まっている。ただ広域連携の歴史は古く成立事例も多く、その規模や態様は様々である。その中で特別法を根拠にして、廃棄物処理の終末過程にある焼却灰の最終処分地を確保する目的で進められた廃棄物処理の広域処理（フェニックス事業）は、投資金額と構成団体の数・面積の両面で突出している。規模が大きくなることで、事業を成立・維持させるための関係団体の調整は難しく、構成団体のガバナンスは効きにくくなり、広域連携が持つ課題も明らかになりやすい。

　これらの観点から、多様な広域連携の中から廃棄物処理の広域処理（フェニックス事業）を検証対象として選び、制度と組織の両面から、その成立・維持・発展のための要件を明らかにするとともに、同時に当該事業が抱える課題を提示するという研究目的を示した。

　第2章は広域連携の制度論的考察をテーマとして、整備された各制度の内容と特徴を明らかにした。自治体間の広域連携は、規模の利益によって行政サービスの効率性を高めることを最大の目的としている。その根拠規定は地方自治法に置かれるが、時代とともに制度の拡充がなされている。整備された広域連携制度は、効率性と構成団体の意思決定の自由度の2つの関数で捉えられる。こうした中で廃棄物の広域処理を図るフェニックス事業は、地方自治法の枠で

189

第9章　総括

は規模や規制に合致しないところから、特別法による認可法人として設けられている。ただ制度の内容は、連携方法の優劣を定めるものではない。

　第3章は広域連携の組織論的考察をテーマとして、組織論の発展の歴史を明らかにするとともに、広域連携がどのような組織的性質を持つかに関して、その理念型について考察した。例えば日本を代表するネットワーク論の研究者である公文（1994）によれば、社会の進化とともに社会システムは、階層的な上下関係ベースに、強迫と強制で関係者間を統制する組織（ヒエラルキー）、私益追求をベースに、取引・搾取によって関係者間を統制する市場（マーケット）、信頼と互酬性をベースにして、説得と誘導によって関係者間を統制するネットワーク組織（ネットワーク）に分類されるとしている。

　第4章は時代区分別の広域連携制度の組織特性として、日本の広域連携制度の発展経緯を辿ることによって、その組織特性の変化を考察した。広域連携は、国の意向によって強制設立された時代、自治体が自らの利益を求めて機能補完を行うために自主的に設立した時代、再び国の意向を受けて効率性を求めて設立した時代、そして地方分権が求められる時代に自治体が共同利益を求めて連携する時代に分類される。

　こうした中で、戦前の一部事務組合は、国益を考えた上位組織からの圧力・誘導に基づくもので、国の機能補完の性格が強くハイアラキー型と考えられる。戦後改革時の広域連携は、自治体間の役割分担と相互補完を目的に、各自治体の自己利益を追求したものと考えられ、市場型と捉えられる。高度経済成長期の広域連携は、国の強い影響下[298]に成立するが、国と地方の双方に利益となる効率優先の考え方に基づくもので、準ハイアラキー型と位置付けられる。

　現代の地方分権期は、国の影響力は弱まることによって構成団体の意思決定の比重が高まるが、国の圧力・誘導が弱まるがゆえに各自治体が自己利益を追求するだけでは連携が成立せず、必然的に共同利益を志向せざるを得なくなる。そこに成立する広域連携は、上位組織からの圧力誘導でも、各団体が自己利益

298　佐藤（2006:33）は高度経済成長期の広域連携制度を「新しい中央集権」と形容する。

を追求した取引的な利害得失に基づく関係でもなく、信頼と互酬性に基づく相互の長期的な利害均衡や一時的な片務関係が重要なネットワーク型の広域連携と捉えられる。

第5章は、廃棄物行政における広域連携の歴史と規範をテーマにして、廃棄物処理の事業の性質を鑑みたとき、果たして広域処理が望ましいのか否かと言う規範的な課題を取り上げた。廃棄物処理の歴史をたどれば、かつては自らの家庭内でゴミ処理が行われており、やがて排出量の増大とともに市町村の自治事務に位置付けられるようになった。そうだとすると地方自治の原則である住民自治、団体自治に近いのは、地域内で排出したゴミは当該地域の責任で処理する自区内原則ということになる。

自区内処理か広域処理かを対立軸に置くと、広域処理は規模の利益から効率性に優れるが、それも絶対のものではない。東日本大震災に際して関東一円に電気を供給する福島第一原発で生じた事故で判明したように、広域処理がどのような場合でも効率性に優れているという訳でもない。実際にフェニックス事業においても、ダイオキシン・ショックの事例において、仮に一旦埋め立てたダイオキシン含有量の基準超過廃棄物を撤去するとなれば、そのコストは莫大なものになる。

このように、自区内処理は、広域処理のアンチテーゼとなることは間違いない。ただ、この原則を元々の意義であったごみ処理に関わる迷惑の分担、負担の公平化という視点で見れば、広域処理は広域連携として責任の所在を最終段階まで明確化することによって、本規範としての整合は可能であると考えられる。

本研究の中核をなす第6章は、事例分析として、時代の要請と考えられる広域連携制度がなぜもっと広がらないのかという問題意識から、廃棄物の広域処理を行う目的で特別法を根拠にして成立したフェニックス事業をネットワーク組織と捉えて、成立（第6章-事例分析1）、不成立（第6章-事例分析2）、維持（第6章-事例分析3）、存続危機（第6章-事例分析4）、発展（第6章-事例分析5）の5事例について、広がりを阻害する要因、抱える課題を明らかにした。すなわち、広域連携は事務事業の効率化という明確なメリットがあっても、当事者間に協

191

働の前提となる互酬性と信頼関係がない限り、成立・継続しないという実例を提示した。

第7章は、循環型社会と広域処理として、効率性に優れる廃棄物の広域処理が、循環型社会を迎えるとその効率性ゆえに、ゼロ・エミッションの思想が要求する3Rを遅らせるという逆機能が生まれる可能性を考察した。

第8章は、広域連携と民主的統制をテーマとして、事例分析でも明らかになった広域連携の課題の一つである住民の民主的統制に関して、地方自治法上の特別地方公共団体である阪神水道企業団（一部事務組合）と、特別法を根拠に設立された特殊法人である大阪湾フェニックスセンターを比較して、その内容と課題に言及した。

第9章は、総括として、本研究を要約して得られた知見を改めて整理して、研究の成果と残された課題について言及しようとしている。

2　本研究で得られた知見

2.1　フェニックス事業の組織論的性格

本研究では多数の当事者の利害が錯綜する広域連携を成り立たせる、あるいは維持・発展させる要因は何かということを問題関心に置いて、制度論及び組織論の視座から多角的な考察を行った。

大阪湾フェニックス事業を構想段階から見れば、まず国（厚生省・運輸省）の政策として検討が開始され、公団方式による事業が計画された。そのため当初の事業計画では、国の支配が及ぶハイアラキー的な組織を志向するものであった。ただ断っておくと当時の地方公共団体の事務の共同化は、市町村間のそれが中心におかれ、そこに単独の都道府県が関わるものがせいぜいで、都道府県域を超えるダイナミックな事業の発想は自治体側には無かった。したがって国がイニシアチブを取って構想を進めることには十分な合理性があった。

しかし制度化段階に入ると第二臨調による行政改革と重なって、当時の大蔵省が公団方式を認めず、やむなく別途制定された特別法を根拠にした特殊法人としてスタートすることとなった。かつ、最終的に国の出資も認められなかった。そのため制度化段階を経て設立段階に進むと、フェニックス事業は、国が主導する準ハイアラキー的な組織として事業が開始された。ただ、詳細に見ると設立時に大阪府・兵庫県が中心になった主要自治体の間にフェニックス計画の実現に向けた自発的な動きもあり自治体の主導性の萌芽が見られる。そして次の事業運営の段階では、国の影響力は次第に低下して行く一方で、構成自治体の事業運営に対する自発的な動きはさらに高まっている。

　これについて本研究では、フェニックス事業の性格が、成立から事業運営へ進んで行く過程で、国が主導するハイアラキー構造の色彩が低下し、地方自治体を主体とする水平的なネットワーク組織の性格を高めたと分析している。その象徴的な事柄として、事業の基本スキームの変更に消極的な国を説得して、全構成自治体の合意をもって2期事業のスキーム変更がなされたことを挙げた。

　そもそも広域連携の歴史的な沿革をたどれば、戦前は国家体制の補完制度としてスタートし、戦後は高度経済成長を支えるために効率性を重視する国策による誘導によって発展した。しかしながら現在は国の誘導は続くものの、中央集権体制から地方分権型社会への移行と時期を同じくして、人口減少社会に対処するための行政サービス水準を維持するための効率化へと、広域連携の目的は変遷している。これに合わせて広域連携の理念型も、戦前のハイアラキー型から、高度経済成長期の準ハイアラキー型、そして地方分権期のネットワーク組織型へと変化してきている。はからずもフェニックス事業の成立・発展過程は、この効率性重視の国策による連携誘導と自治体間の自発的な連携をまたぐ時期に重なっている。

2.2　フェニックス事業における信頼と互酬性

　現代の広域連携をネットワーク組織と見た場合に、ネットワークを成立維持

193

第9章　総括

させる上で、信頼と互酬性とが重要な要素となっている。

　広域連携を成立させるためには、まず当初に参加自治体に広域連携への参加を促すための動機となる何らの利益が示されなければならない。しかしながら自治体の広域連携への参加は、自治体の利益、いわば自己利益の増大につながらない限り見込むことが難しい。

　そのため、本研究で取り上げる事例に関しては、埋立処分先の確保に困っている自治体にあっては埋立処分場の確保、既に他に埋立処分場を確保している自治体にあっては独自に埋立処分場を確保するよりも低コストであることが広域連携の成立に必須となる。しかし一方、埋立処分場を提供するコアメンバーとただ埋立処分場を利用する他のメンバーとの間には、立場に大きな違いがあった。コアメンバーは、埋立処分場の確保や処分コストを考慮するほかに、海面埋立の是非を判断しなければならなかった。

表 9-1　大阪湾フェニックス事業の構成メンバーの負担と受益

属　　性		コアメンバー		通常メンバー	
		港湾管理者		廃棄物排出者	
責任	負担	埋立海面の拠出。 護岸整備	漁業・眺望・水環境・観光への影響。護岸整備費	適正排出。処分費用の負担	基準遵守。処分料・護岸整備費分担
受　　益		港湾再開発用地取得		処分先確保 （低費用・低労力）	

出所：筆者作成

　本事例では、各団体の参加動機を生み出すためにコアメンバーの互譲（相対的により大きな譲歩）が先行したことが、事業成立の大きな鍵を握っていた。大阪湾フェニックス事業のコアメンバー（港湾管理者）でもあるトップ４（大阪府、兵庫県、大阪市、神戸市）は、それぞれの事情を抱えつつも埋立海面を提供することを決断し、そのことが他のメンバーの広域連携への参加につながった（第6章−事例分析１）。これに対して東京湾フェニックス事業においては、コアメンバーで埋立海面を所有するトップ２とも言うべき東京都と千葉県の双方が、やはりそれぞれの事情から埋立海面の提供に消極的であったことが事業の成否を分ける

194

大きな原因となっている（第6章-事例分析2）。

　ネットワークあるいはネットワーク組織の主導理念である信頼と互酬性は、成立時のほか、広域連携が順風でその果実を皆が享受できるときよりも、年月が経過し何らかの阻害要因が発生したときにその必要性が高まる。

　大阪湾フェニックス事業においては、事業開始後の環境変化によって、コアメンバーである港湾管理者の不利益が顕著になったため、港湾管理者の不満が高まった。しかし、そこでコアメンバー以外の互譲が事業維持に必要不可欠であることが認識され、排出サイドの自治体の新たな負担によってコアメンバーである港湾管理者の不利益が見直される形で当初スキームの変更が行われた（第6章-事例分析3）。

　元来ネットワークあるいはネットワーク組織は、参入・退出の任意性が基本である。フェニックス事業の参入・退出は手続きが煩雑で、形式的には任意とは言えないが、一方、実務上廃棄物の搬入をするかどうかは自由であり、搬入を自制することで事実上の脱退も可能である。大阪湾フェニックス事業も、事業開始当初時に予定どおりに市町村が事業に参加せず、兵庫県の担当者が苦労した経緯がある[299]。なお、広域連携の法制度全般についても脱退の制約を緩和する方向での法改正の動き[300]も見られる。

　このような参入・退出の任意性に見るように、ネットワーク組織は上位の統括者を持つ階層制組織でなく、対等な水平的な相互関係であるがゆえにその裏返しとして、個々の構成メンバーの身勝手で無責任なフリーライドの行為が起こりやすいという脆弱性をもつ。また、一旦、信頼破壊行為が起こった場合は、信頼と互酬性で保たれている組織秩序が根底から破壊され、組織存続の上で致命的なリスクとなりかねない。司令塔を持たないネットワーク組織は、自分たちで解決しなければ組織そのものの存立の危機に直面することになる。大阪湾フェニックス事業で生じたダイオキシン・ショック事件では、速やかな情報公開と改善内容の徹底が求められ、関係団体、とくに埋立処分場所在地の市民等

299　由田（2010：26）。
300　2012年地方自治法改正参照。

第9章 総括

の信頼を引き止める必要があった。そのためにルール違反者に対する類のない厳しい処分、厳罰が下されるとともに、再発防止ための措置（メンバー全員の意識確認と自己チェックの強化など責任ある対応）が必要とされた（第6章-事例分析4）。

このような逆風もありながら、スキーム変更で受益を受けた2期事業の港湾管理者（大阪市・神戸市）の所管海域において、3期事業が決定されている。ここで、3期事業は2期事業のスキーム変更の対価であって単なる契約関係であったという指摘はあたらない。

何故なら、スキーム変更は2期事業単独の事業費で計算されて一応完結していたからである。また、自治体間で将来の相手方の事業実施を拘束する契約関係を締結することは議会の関係も含めてまず至難の技である。さらに関係団体間では、2期事業のスキーム変更にあたり3期事業の約束が議論されたことは間違いない[301]としても、それが場所を含めて具体的に確約された事実はなく、仮に非公式の約束があったとしても、それは信頼関係による紳士協定に過ぎなかった。

そのような状況の中で、3期事業で埋立海面の提供が決定されたことは、港湾管理者のスキーム変更に対する返礼という互譲だと言うことができよう。この互譲の繰り返し、互譲の連鎖によって大阪湾フェニックス事業を発展させる結果となった（第6章-事例分析5）。

以上のことから、ネットワーク組織を成立させるものはコアメンバーの先立つ互譲（先譲）であり、成立したネットワーク組織を維持・発展させるものは互譲の繰り返し[302]であり、この互譲の連鎖こそが互酬性であると考えられる。

先にコアメンバーと通常メンバーの間に負担と受益に大きな格差が見られた。この二層構造は、あたかも合資会社の無限責任社員と有限責任社員との関係に類似している。結局、フェニックス事業の格差は節目ごとに二度[303]に亘って、構成メンバー全員の合意をもって是正されることになったが、事業が継続する

---

301 第6章-事例分析52末尾の基本計画書の別紙に「3期フェニックス事業への取組」に港湾管理者が3期を行う旨の記述があるが、具体的な確約とは言えない。何故なら関係自治体が議会説明においても、これをもって3期が確約されたと報告した形跡がないからである。
302 オストロムのコモンズに関する所論で、自己利益よりも共同利益を優先する行動の根拠に「しっぺ返し（tit for tat）」戦略で互いに譲り合うゲームを挙げている。第6章-事例分析3参照。
303 第6章-事例分析3事業のスキーム変更、第6章-事例分析5事業の発展を参照されたい。

限り残る問題である[304]。

いずれにしろ、これからの広域連携が水平的なネットワーク組織と仮定するならば、コアメンバーの互譲（先譲）にもとづく利益提供が、他のメンバーの参加を促すために必要であって、互いの信頼と互酬性が成立・維持・発展の鍵であると考えられる。

2.3　広域連携の長所と弱点

広域連携制度の歴史は古く、1888（明治21）年制定の市制町村制で初めて一部事務組合制度が自治体間の連携制度として設けられたが、それはあくまで財政力の弱い小規模（市）町村を対象としたものであった。しかしながら今日では広域連携制度は、社会の要請があって法的な根拠規定を地方自治法だけでなく、民法、要綱、協定あるいは特別法に広げ、その規模も小から大へ拡大し、形態も多様化し、拡充の一途をたどっている。このように拡大する広域連携制度であるが、問題はそれぞれの構成自治体が何をどこまで協働するかにあって方式に優劣はない。自治体間の事情と協働する事業に即して、ケースバイケースで適切な制度方式を選択し活用することが求められる。

本研究では、自治体単独で事業を行う場合と比べて広域連携が優れている面と劣っている面の双方が浮かび上がってきた。効率性の向上を目的とする広域連携は、明治期の制度創設時の背景を見るまでもなく、自治体という仕組みを残しながら協働を行うことによって、自治体単独では対応不可能な事業の実施を可能にするとともに、規模の利益（スケールメリット）によって経費節約と高いレベルでのサービス水準の確保を実現するものとなる。

他方で広域連携の弱点も見えてきた。廃棄物の広域処理は、全体利益と個別利益の対立を回避する手段と考えられていたが、必ずしも常にそうという訳で

304　港湾管理者の担当者の中には、廃棄物埋立処分場跡地の土地利用規制によって用地の価値をマイナスと評価し、港湾管理者にとっては、フェニックス事業は処分海面の「場所貸し」と考えるべきだとする意見もある。

第9章　総括

はなかった。広域連携を構成しようとする自治体の動機は元々個別の自己利益の追求にあって、必ずしも全体利益の追求ではない。

　フェニックス事業では、構成団体の一般廃棄物の最終処分地先の確保という命題は、本当に瀬戸内海という風光明媚な海面を埋め立てる必要性を上回るのか、そしてそれによって払われる犠牲（埋め立てによって新しい土地が取得できるとしても）を構成員のメンバー（埋立海面を有する自治体だけでなく埋立海面を有しない自治体も）が共有しているのかが問われた。

　このことは広域連携の成立・維持・発展を阻害する要因であるとともに、広域連携の運営面での脆弱性を明らかにした。広域連携はハイアラキー構造でないがゆえに強力な統制力を欠く結果、責任感に欠ける一部の構成団体がフリーライダーとなってモラルハザードを生みやすいことがわかった。

　さらに付加すれば、広域連携が規模の利益を求めて効率性を追求すると、結果として個々の自治体の自助努力を失わせ、政策イノベーションを妨げる可能性があることも明らかにされた。本事例研究では、廃棄物の広域処理が成立したがゆえに、自治体が取り組むべきゼロ・エミッションという新たな政策の展開を阻害している可能性が示された。

　特別法を根拠にして設立されたフェニックス事業は、おもに一般廃棄物の焼却灰をどのように処分するかの問題を扱うものであって、産業廃棄物や家庭ゴミの減少に取り組む事業ではなく、ゼロ・エミッションの思想から見れば、広域連携はゴミ処理のための次善の策であるに過ぎない。持続可能な社会を展望すれば、環境に大きな影響を与える海面埋め立てによって廃棄物の最終処分地を生み出すフェニック事業の事業枠組みは、20世紀の大量生産・大量消費・大量廃棄社会の処理法であるとの批判から完全に逃れることは難しいように見える。

　結果として、広域連携の成立・維持・発展に、人・費用・環境など相応の社会的コストを要することが明らかとなった。

3 研究の成果と今後の展望

　低成長と人口減少社会、さらにそれらに連動する財政制約の下において、行政サービス水準を維持させるための方法として、自治体間の広域連携が多方面で模索されている。その背景には、国と地方の両サイドに平成の市町村合併を経てこれ以上の合併を進める困難さが共有され、自治体間の水平的な連携を推進して、自治体の自主性を尊重しつつも規模の利益（スケールメリット）による効率性を追求する。そして、コスト削減と行政サービス水準の維持を両立させることによって、低成長・人口減少時代に求められる自治体の責任に応えようとする狙いがある。

　広域連携は、国からの強制でなく地方自治体の自由意思によるものである点で、地方分権時代の要請に合致するという理念的側面、あるいは合併を回避することによって慣れ親しんだ自治体が残るという心理的側面、そして効率性の追求という経済的側面の3つの観点から、肯定的な見方が多く、批判的な意見を見出すことが困難な状況にある。

　その一方で、広域連携が地方自治の本旨（住民自治・団体自治）に本当に合致するのか、広域連携によって行政コストは本当に削減されるのか、地方自治体の住民の民主的統制に課題はないのかなど、具体的な事案に即して検証された例は多くない。

　原子力発電に関わる広域行政において、公表されてきた原子力発電費用が地元の受入対策費用が十分に計上されておらず、また一度、原子力発電所で事故が発生すると途方もない費用を要することが判明している。東京電力福島第一原発事故以降はさらに厳しい安全対策が求められることから、トータルの発電コストは石油を原料にした火力発電よりも高いのではないかという疑問が一般に広がっている[305]。

　本研究は、同様の問題意識に立って、広域連携の現代的なニーズを認めつつも、

199

第 9 章　総括

社会科学として諸手を上げて無批判に受け入れるのではなく、実際の導入事例に即して、とくに成立・発展要因に焦点をあて、科学的な検証を行おうとしたものである。

　本研究はこれらの観点から、投資金額と構成団体の数・面積の両面で突出した廃棄物処理の広域処理（フェニックス事業）を広域連携の検証対象として選び、自治体間の広域連携がなぜもっと広がらないのか、また広域連携に課題はないのかを問題意識としつつ、制度と組織の両面から、その成立・維持・発展のための要件を明らかにするとともに、当該事業が抱える課題を明らかにしようとしたものである。

　本研究は、海面埋立によって廃棄物の広域処理を行うフェニックス事業を検証事例に取り上げた広い意味で単一の事例研究である。したがって本研究から得られた知見は当然のことながら多様な広域連携制度の全てを網羅するものでない。

　ただ筆者は廃棄物の広域処理に従事したもの[306] として、広域連携制度の優れた特性をもっと広く社会に理解して欲しいと考えている。そのためにも実際の事例に即して広域連携の効果と課題を検証することは重要であり、本研究は廃棄物の広域処理という限定された立場からではあるが広域連携制度の理解に一定の貢献ができたものと思う。また、未だ本格的な研究がなされていないフェニックス事業を取り上げた最初の研究であり、その観点からも一定の成果が残せたものと考えている。

　フェニックス事業を始めとして廃棄物の広域処理の必要性は今後をさらに高まりをみせつつある。そのためにも広域連携の成立・維持・発展に求められる信頼と互酬性、海面埋め立ての正当性と範囲、構成メンバーの規律維持など、本研究で得られた知見をさらに深めていく必要がある。

305　実際、関西電力が 2019 年に運転開始から 40 年を迎える福井県大飯原発 1、2 号機について、安全対策工事費がかさむことから廃炉を検討していることがメディアでも報じられている。2017 年 10 月 18 日読売新聞 1 面参照。なお同記事は関西電力が HP 上で否定していることを合わせて報じている。
306　筆者は 2011 年度から 2014 年度までの 4 年間、大阪湾広域臨海環境整備センター常務理事（神戸市環境局担当局長）として大阪湾フェニックス事業に従事した。

なお、本研究は、フェニックス事業スキームによる広域連携の成立・維持・発展の要件を明らかにすることによって、現代社会が必要不可欠としている廃棄物の最終処分場をどのような形を持つべきかを考察することに研究の焦点を当てており、ゼロ・エミッションという廃棄物処理の新たな考え方や方法論との比較や考察は十分ではなく、この問題はなお今後の課題として残されている。

　本研究を終えるにあたって、廃棄物の広域処理をはじめとして自治体間の広域連携制度についての研究がさらに進展して、これから低成長、人口減少時代を迎える地方自治の発展に寄与することを願う次第である。

謝辞

　最後になるが本研究にあたり、ヒアリングや資料提供でお世話になった関係者の皆様、それに研究へのアドバイスや論文指導でご厄介になった関西大学大学院ガバナンス研究科の教員の皆様に謝辞を述べさせていただきたい。

　本研究は、私が神戸市からの出向者として在籍した大阪湾フェニックス事業に関わる理事や職員の方々、そして関係する国や地方自治体の皆さんのご協力によって生まれたものであることは申し上げるまでもない。

　また手探りで始めた東京湾フェニックス計画の調査にあたり、貴重な時間を割いて2度にわたりヒアリングに応じてくださった鈴木　繁氏、入江登志男氏には事案の大きな流れをご示唆いただいた。鈴木氏が別れ際につぶやかれた「フェニックスという鳥は伝説通り、この世に1羽しか存在しないのかもしれない。」という言葉が今も耳にのこっている。また、両氏をご訪問に伺った縁で、元兵庫県職員で大阪湾フェニックス事業の成立に関わられた由田秀人氏に面会の機会に恵まれたのは望外の僥倖であった。両氏への仲介をいただいたセンターOBの須藤欣一氏には、東京湾フェニックス計画についてのまとまった論文はないのでぜひ頑張れと励ましをいただいた。東京都の埋立計画の経緯についてはセンターOBの池田秀文氏のご紹介で都港湾局にお邪魔をし、ご担当者の方からお話を伺うことができた。不成立事業の調査という困難な仕事を全うし得たのは以上の関係者のご協力によるものである。

　ガバナンス研究科の先生方には、数多くの有形・無形のご示唆・ご指導をたまわった。研究科長の小西秀樹先生には地方自治研究学会関西支部で本稿テーマの研究発表の機会を与えていただいた。副研究科長の石田成則先生には、社会人が研究生活を送る上でのご支援をいただいた。奥和義副学長には、同学会の全国大会において本稿テーマの研究発表にコーディネーターとして立ち会っていただいた。岡本哲和先生には後期課程の講義においてコモンズの理論など

謝辞

の手ほどきを受けたことをはじめ、論文内容にも的確なご指導をいただいた。また、何よりも指導教官である橋本行史先生には、粘り強く熱心かつ的確なご指導をいただき、全国大会の発表や査読付き論文の何度もの挑戦など、眼病をえて萎えかける自分を叱咤、激励していただいた。

　振り返ってみれば、ガバナンス研究科前期課程に入学以来、この6年間余の研究生活は、実務者と研究者の乗り越え難い障壁との戦いであった。後に両者の間にあるギャップは、実務者の通弊として事実命題で考え答えるべきところを、検証不可能な価値命題を持ち出すことであると理解できた。研究者は可能な限り客観的であろうとし、実務者は自分ならこうする、これが正しいというように主観的に考える。政策学の分野では、主観的に政策を発想し、客観的に評価するという複眼的な視点が必要ということかもしれない。

　まだまだ拙い内容であるが、論文提出までに至ったのは、調査にご協力いただいた関係者の方々、ご指導いただいた諸先生方のご助力の賜物である。ご支援をいただいた皆様方にこの場をお借りして、万感の思いをこめて感謝の気持ちを申し上げる次第である。

　2018年5月

樋口　浩一

参考文献

(第1章)

Uzzi,B.,1996, The Sources and Consequences of Embeddedness for the Economic Performance of Organizations: the Network Effect, American Sociological Review, 61:674-698.

Knoke,D.,2001,Changing Organization:Business Network in the new Political Economy,Westview Press.

Powell,Walter W.,1990,Neither market Nor Hierarchy: Network Forms of Organization,Research in Organization Behavior, Vol.12:295-336,JAI Press.。 Inc. (https://web.stanford.edu/~woodyp/papers/powell_neither.pdf,2018 年 5 月 28 日閲覧)

礒崎初仁・金井利之・伊藤正次（2014）『ホーンブック地方自治〔第3版〕』北樹出版。

宇賀克也（2015）『地方自治概説〔第6版〕』有斐閣。

鵜沢喜久雄（1944）『広域地方行政の常識』九鬼書房。

大和田一紘（1999）「」 一部事務組合の実態と民主化への課題」村上博・自治体問題研究会編『広域連合と一部事務組合 広域行政でどうなる市町村』自治体研究社。

片山 徹（1990）「大阪湾フェニックス計画」、『燃料協会誌』第69巻第11号、一般社団法人 日本エネルギー学会、pp.1052—1060。

片山 徹（1991）「歩み始めた大阪湾フェニックス計画−合意形成への道−」、『廃棄物学会誌』Vol.2No.3、廃棄物学会、pp.217—227。

加茂利男（2010）『自治体間連携の国際比較』ミネルヴァ書房。

環境省大臣官房廃棄物・リサイクル対策部廃棄物対策課(2017)『日本の廃棄物処理 平成27年版』。

公文俊平（1994）『情報文明論』NTT 出版。

小林康彦(1981)「フェニックス計画：廃棄物の広域処分のための体制作りへ」『環境技術』Vol.10 No.9、環境技術学会、pp.723—729。

坂野喜隆（2018）「広域連携とガバナンス - 一部事務組合を手がかりとして -」『経済学論纂（中央大学）』第58号第3・4合併号、pp.95-119。

坂本弘道（1985）「フェニックス計画の実施について」、『環境技術』Vol.14 No.7、環境技術学会、pp.516-519。

鈴木 茂(1991)「廃棄物の広域処分について」、『廃棄物学会誌』Vol.2 No.3、廃棄物学会、pp.191-200。

総務省（2016）『第31次地方制度調査会答申』（2016年3月16日付け）。

田中二郎編（1963）『広域行政論』有斐閣。

千葉県環境生活部循環型社会推進課（2016）『千葉県廃棄物処理計画』。

鄭智允（2013）「廃棄物行政のあり方に関する考察−廃棄物関連一部事務組合を中心に−」

『自治総研』通巻 415 号、公益財団法人地方自治総合研究所、pp.82-112。

同（2014a）「『自区内処理の原則』と広域処理」（上）」『自治総研通巻』427 号、公益財団法人地方自治総合研究所 (2014 年 5 月)。

同（2014b）「『自区内処理の原則』と広域処理」（中）」『自治総研通巻』428 号、公益財団法人地方自治総合研究所 (2014 年 6 月)。

同（2014c）「『自区内処理の原則』と広域処理」（下）」『自治総研通巻』429 号、公益財団法人地方自治総合研究所 (2014 年 7 月)。

西尾勝（2007）『地方分権改革』、東京大学出版会。

橋本行史編著（2017）『新版現代地方自治論』ミネルヴァ書房。

原田　久（2011）「広域行政機構廃止の実証分析」、『基礎自治体の広域連携に関する調査研究報告書 - 転換期の広域行政・広域連携 -』、2011、財団法人・日本都市センター、pp.13-19。

身野昭教（1981）「フェニックス計画の実施について」、『環境技術』Vol.10 No.9、環境技術学会、pp.735-740。

安間　清・榊　俊博（2002）「大阪湾フェニックス事業の廃棄物埋立について」、『海洋開発論文集』第 18 巻、土木学会、pp.102-106。

祐野　恵（2018）「広域連携の理論的考察」、『社会システム研究』、京都大学大学院人間・環境学研究科社会システム研究刊行会、pp.23-30。

横道清孝（2010）「日本における新しい広域行政政策」『アップツーデートな自治関係の動きに関する資料 No.6』政策研究大学院大学比較地方自治研究センター。

横道清孝（2013）「時代に対応した広域連携のあり方について」『都市とガバナンス』第 20 号、公益財団法人日本都市センター。

横道清孝（2016）「第 1 章　広域連携の現状と今後の方向性」『広域連携の未来を探る—連携協約・連携中枢都市圏・定住自立圏—』公益財団法人日本都市センター。

（第 2 章）

内田和子（1994）「日本における水害予防組合の展開過程」、『地理学評論』第 67 巻第 5 号、日本地理学会、pp.325-346

磯部力・小幡純子・斎藤誠編（2013）『別冊ジュリスト 215 号地方自治判例百選』有斐閣。

河合代悟編（2008）『新・地方自治 150 講〔第 6 訂版〕』東京法令出版。

近藤哲雄（2008）『自治体法〔第 1 次改訂版〕』学陽書房。

駒林良則・佐伯彰洋編（2016）『地方自治入門』成文堂。

後藤光男編（2009）『地方自治法と自治行政 [補正版]』成文堂。

樋口浩一（2017）「第 11 章 国と地方・地方間の関係」『新版現代地方自治論』ミネルヴァ書房、245-274。

藤巻秀夫編（2012）『地方自治の法と行財政』八千代出版。

村松岐夫（2011）『テキストブック地方自治〔第 2 版〕』東洋経済新報社。

村上順・白藤博行・人見剛編（2011）『別冊法学セミナー　新基本法コンメンタール地方自治法』日本評論社。

山田光矢・代田剛彦編（2012）『地方自治論』弘文堂。

参考文献

（第3章、第4章）

Argyris,C.,1957,Personality and Organization:The Conflict Between System and the Individual,New York:Harperand Row.（伊吹山太郎・中村実訳『新訳　組織とパーソナリティー』日本能率協会、1969 年）。

Weick,Karl.E.,1976,Educations as Loosely Coupled System,Administra-
Ive Science Quarterly,Vol.21.No.1.March.pp.1-19.

Weber,M.,1922, Soziologische Grundbegriffe.（清水幾太郎訳『社会学の根本理念』岩波書店、1972 年）。

Gouldner,Alvin.W.,1955,Patterns of Industrial Bureaucracy,New York:TheFree of Glencoe,Inc.（岡本秀昭ほか訳『産業における官僚制』ダイアモンド社、1963 年）。

Granovetter,Mark,1973,The strengthof weak ties,American journal of Sociology,Vol.78,pp.1360-1380.

Simon,Herbert.A.,1945,1947,1976,Administration Behavior,3rd editio ,New the conflict BetweenYork :The Free Press,A Division of Macmillan Publishing Co.（松田武彦ほか訳『経営行動』ダイアモンド社、1965 年旧版、1989 年新版）。

Smith,A., 1776, The welth of Nations.（大河内一男監訳『国富論』中央公論社、1978 年）。

Thayer,Frederick.C.,1973,an End to Hierarchy ! an End of Competion. Organizing the politics and economics of survival:New York, New Viewpoints.

Taylor,F.W.,1911,Principle of Scientific Mangement.（上野陽一訳「科学的管理法の原理」上野陽一訳編『科学的管理法（新版）』産業能率短期大学出版部，1957 年）。

Barnard, C.I.,1968,The Functions of the Executive,Harvard Univercity Press.（山本安次郎・田杉競・飯野春樹訳『新版 経営者の役割』ダイヤモンド社、1996 年）。

Maslow,Abraham.H.,1970,Motivation and Parsonality(2nd Edition),harper and Row,Publishers,Inc.（小口忠彦訳『人間性の心理学』産能大学出版部、1987 年）。

March,J.G.and Olsen,J.P.,1989,Rediscovering Inststitution ,The Free Press.（遠田雄志訳『やわらかな制度』日刊工業新聞社、1994 年）。

Merton,R.K.,1949,1957,Social Theory and Social Structure ,New York:The Free Press.（森東吾ほか訳『社会理論と社会構造』みすず書房、1961 年）。

Mayo,George.L.,1933,1960,The Human Problem of an Industrial Civilazation,Fourth Edition,Division of Reserch Graduate School of Business Administration,Harvard Univercity,Boston.（村本栄一訳『新訳　産業文明における人間問題』日本能率協会、1967 年）。

Fayol,H.,1916,Administration Industrielle et General,Bulletin de la Societe del' Industrie Minerale.（佐々木恒男訳『産業ならびに一般管理』未来社、1972 年）。

Lawrence,R.R.and Lorsch,J.W.,1967,Organization and Environment ,Boston:

Division of Reserch Graduate School of Business Adominitration Harvard Univercity.（吉田博訳『組織の条件適応理論』産業能率短期大学出版部、1977 年）。

Miles,R.E. ＆ Snow,C.C.,1995,The New Network Firm:A Spherical Structure Built on a Human Investment Philosophy,Organizational Dynamics, Vol.23

No.4,pp.5-17.

今井賢一・金子郁容（1988）『ネットワーク組織論』岩波書店。

田尾雅夫（2012）『現代組織論』勁草書房。

樋口浩一（2015b）「コミュニティバスと地域活性化」、『地方創生の理論と実践−地域活性化システム論−』創生社、149-164頁。

樋口浩一（2017a）「広域連携の主導理念の考察—大阪湾フェニックス事業のスキーム変更を事例として」地域活性学会第9回研究大会(2017・島根)論文集、pp.392–395。

朴　容寛（2003）『ネットワーク組織論』ミネルヴァ書房。

村上綱実（2014）『非営利と営利の組織理論：非営利組織と日本型経営システムの信頼形成の組織論的解明』絢文社。

山倉健嗣（1993）『組織間関係』有斐閣。

若林直樹（2015）「組織理論の発展において社会ネットワーク論の与えた新たな視点」『経済社会学会年報』37巻（2015）、pp.38-45

渡辺　深（2007）『組織社会学』ミネルヴァ書房。

（第5章）

石　弘之（1997）「ゴミの歴史は語る」『廃棄物学会誌』Vol.8、No.1。

石川秀輔（1997）『大江戸リサイクル事情』講談社。

環境省(2001)「歴史的に見た我が国の廃棄物問題とリサイクルの取組(江戸期を中心に)」『平成13年度循環型社会白書』序章第1節。

小島理沙（2016）「日本のリサイクルの歴史」月刊『国民生活』2016年1月号、独立行政法人国民生活センター。

全国市長会(2008)(廃棄物に関する都市政策研究会)『都市と廃棄物に関する調査報告書』第2章「都市自治体の廃棄物をめぐる主要課題」⑲日本都市センター(2008年3月)。

樋口浩一（2016a）「廃棄物にかかる自区内処理原則−その発生過程と適用−」『関西実践経営』51号、pp.59-79。

樋口浩一（2018）「地方創生のためのケーススタディー−大阪湾フェニックス事業3期事業の決定過程」『関西大学教育研究高度化促進費報告書』（2018年3月発行予定）。

溝入茂（1988）『ごみの百年史　処理技術の移りかわり』學藝書院。

八木真一（2004）『廃棄物の行財政システム』有斐閣。

（第6章）

Hardin,Gerret.,1968,The Tragedy ofCommoms,Science, 162(3859), 1243-1248.

大阪湾広域臨海環境整備センター（2002）『大阪湾広域臨海環境整備センター20年のあゆみ』。

大阪湾広域臨海環境整備センター（2011）『大阪湾圏域広域処理場基本計画（案）概要説明書』。

http://www.pref.shiga.lg.jp/shingikai/kankyo/haiki/files/20111130-2.pdf

尾川毅、濱口弘行（大阪湾広域臨海環境整備センター）（2016）「フェニックス事業の概要及び廃棄物の受け入れ体制について」『第27回廃棄物資源循環学会研究発表会特別

セッション 2 論文集』。

森本哲郎編（2016）『現代日本の政治　持続と変化』法律文化社。

神田みどり（1990.11）「まだら模様の東京湾フェニックス計画」季刊『リサイクル文化』28 号。

鈴木繁（1989.4）「首都圏における廃棄物処理の現況とフェニックス計画を巡る動向」『月刊 PPM』日刊工業新聞社、pp.57-64。

全国市長会（2008）『都市と廃棄物に関する調査報告書』⑲日本都市センター。

樋口浩一(2015a)「協働による広域行政の成功要因—大阪湾フェニックス事業の分析」『地域活性研究』Vol.7、pp.137-145。

樋口浩一（2016b）「廃棄物の広域処理—見送られた東京湾フェニックス計画」『地域活性学会第 8 回研究大会 (2016 年長野県小布施町) 予稿論文集』pp.351-354。

樋口浩一（2017b）「大阪湾フェニックス事業のリスクマネジメント−広域連携の成立・維持の理念に関係して−」、日本地方自治研究学会第 34 回研究大会発表論文集、pp.113−116

樋口浩一（2017c）「廃棄物行政における広域処理と自区内処理—大阪湾と東京湾、二つのフェニックス計画—」、日本地方自治研究学会誌『地方自治研究』第 32 巻第 2 号、pp.1−14。

（第 7 章）

由田秀人（2010）「ごみと歩んだ 30 年　新しい制約の時代に　第 11 回フェニックス計画」『都市と廃棄物』Vol.40、No.11、pp.23-29。

（第 8 章・9 章）
各章記載の通り。

注：各章にまたがるものは最初の章に記載し他の章では記載を省略している。

あとがきにかえて

―もうひとつの大阪湾フェニックス事業―

　2011年から2015年は本研究の対象となった大阪湾フェニックス事業にとって激動の時期でありターニングポイントとなった時機であった。前者はスキーム改善の時、そして後者はダイオキシンショックの時期だった。ちょうどこの間、筆者は大阪湾フェニックス事業に常務理事として従事し、その変動に立ち合いそれを当事者として目の当たりに経験した。それは実務に携わる人間にとって、困難で苦しい反面、それだけに貴重で得難い体験だった。

　しかし、単にその経験を主観的に語ることは社会科学の研究者の執るべき立場ではない。そこで本書では研究論文として、あくまでも客観的中立の立場から第三者的に事実を著述することを心がけた。語るべき事実もすべて公開された資料に基づくものに厳しく限定をした。すなわち、本編は研究者の立場を徹底して分析し論述した結果である。

　だが、過去に起こった事象を分析する場合、分析者はその事象の結果やその後に起こった事実をふまえて考察することができる。しかるに、政策の進行過程で、ある事象に遭遇した当事者は、過去の前例や経験は参考にできても、事象への対応の結果を正確に見通すことはできない。サイモンの限定合理性にもつながることだが、当事者である実務者は現場において限られた知見と情報を駆使し最善と思われる決断を主観的に下して行動しなければならない。政策学は、政策を客観的に分析すると同時に、最終的には主観的に行わざるを得ない政策選択・決定の方法を示唆することも使命のひとつである。

　そこで、この稿では当時の体験をありのまま当時の文章で表わすことで、著者の置かれた状況とその判断の過程をできるだけ克明に伝えることとした。大

あとがきにかえて ―もうひとつの大阪湾フェニックス事業―

阪湾フェニックス事業の実務者として先行きの見えぬ不安と急き立てられるように迫る危機や課題を前に当事者が懊悩し、決断をしていくありさまを当時の体温や息吹までお伝えできればと思っている。それによって、大阪湾フェニックス事業という近畿の大半を巻き込んだ巨大プロジェクトの転換期の政策決定過程を別の視点から再現したい。

　したがって、ここでは筆者の視点であることを明らかにするため、第一人称で述べることとする。また、関係者は実名を出さない。原文は、筆者が退職にあたって、センターの全職員向けにあてたメールに添付した文書で必要最小限の修正加筆を加えた。日付は2015年3月15日。当時は起承転結の最後が見えない、またダイオキシンショックの尾を引かさないという取組みが実現できたか見通せぬ状況下である。

150315

フェニックス事業のリスクマネジメント
―常務理事の遺言

常務理事　樋口　浩一

1　はじめに

フェニックス事業の意義

　恒例の市町村説明会で私が冒頭挨拶で述べることは、ここ数年決まっている。東北の大震災直後に千葉県の某市の焼却灰が放射線の基準超過のため秋田から鉄路で送り返されたという新聞記事である。私の目を引いたことは放射線の問題より関東の廃棄物が東北の処分場まで送らないといけないという事実である。関東のごみ焼却の担当者は全国走り廻って処分先を探さねばならない。しかし、関西ではフェニックス処分場がある。この一事をしてフェニックス事業の価値を語らしめるに十分だと言えよう。

組織の脆弱性

　今や欠くことのできぬ存在となったセンターも組織としては必ずしも盤石なりとは言いがたい。それは各構成自治体の寄り合い所帯であること、そして出向期間の制限からくる継続性の問題である。この出向と言う制度を否定するつもりはない。各自治体の経験者を即戦力として活用できるメリットは捨てがたいし、構成団体とのコミュニケーションの点でも不可欠のシステムである。しかし、基本３年間という有期限制は、各個人が得るところの知見と交渉先との人間関係や信用、そしてこれを含む組織として共有されるべき情報の伝承・継承を困難にしている。また、ややもすれば腰かけ的意識からくる処の問題の先送りの慣例化が無いとは言えない。

本稿の目的

　2011 年に行った基本計画の変更は、排出者と港湾管理者の負担の変更という画期的な内容を含んでいる。私はセンター開闢以来の大改革と呼んでいるが、決して大げさではない。年間予算規模 100 億そこそこのセンターが 530 億もの債務を背負い込み、ためにこれに相応する大幅な値上げの断行が必要だったのである。また事業スキームに小手先のそれではない変更を加える意味で、「ゲームの途中でルールを変える」という批判も甘んじなければならなかった。

　何故このような改革が必要であったのか、どのようにこれを断行したのか、最早これを知る職員は皆無に近い。その意味で私は語り部としてこの背景なり、経緯について後進の皆さんに伝えるべく筆ならぬキーボードを執った次第である。そこには、組織の点で述べた問題の先送りがどうにもならなくなって、追い詰められ悪戦苦闘する人々の姿が浮かび上がってくる。これからセンターを支える人達には決して同じ轍を踏ませない、問題はその都度解決を図る、そういう反省と教訓を込めて語りたい。

あとがきにかえて ―もうひとつの大阪湾フェニックス事業―

2 2期スキーム改善問題

港湾管理者との戦争状態

　2011 年 4 月の着任による引継ぎの際に、前任理事から港湾管理者の負担軽減については「今度くる理事がやるので」とみんなに言っておいたからと説明された。では、その現状はどうかと聞くと「自分は一切関わっていないので。」との答え。企画担当である副理事長だけがやっていて報告も受けてないと言い、資料も一切示されなかった。本問題の急先鋒が神戸市のみなと総局だと聞き、神戸市出向理事である前任者がさぞかし仲介の労をとっていたのであろうと思いきや、全く意外であった。

　当の副理事長からは、自分が神戸市みなと総局から出入禁止を受けてしまっており、逆に私に連れて行ってほしいと懇願される始末であった。つまり 2011 年の春の時点で、負担見直しの議論がセンター側で一向に進んでおらず、そのことに業を煮やしたみなと総局が、ありとあらゆる手段でセンターに対して嫌がらせ、ないし圧力をかけてきている時期だったのである。すなわち、神戸市など港湾管理者とセンターが最悪の関係にあり、その象徴的な事例が同年 6 月 22 日の関係課長会と 29 日の理事会である。理事会とは理事を務める主要自治体の局部長級職員による年 2 回開催される重要な会議で、関係課長会は理事会に先立つ主要自治体の課長級職員への事前調整の会議である。普通はしゃんしゃんで終わる会議だが、この時の課長会では席上みなと総局から埋立の進捗状況について突っ込んだ厳しい質問があったり、理事会に至っては異例の質問状の読み上げがなされるという状況であった。通常なら出向している私を通じて事前に質問内容などが伝えられ当方もきちんとした回答が用意できるのだが、この時は事前の相談もなく、質問状も開始直前に FAX されるような形であった。同市出向の自分としてはいたたまれない立場に立たされ、何とか、港湾管理者との関係修復が最大のミッションとなっていたのである。

　センターの現職トップである副理事長の「出入り禁止」という言葉が示すと

おり、当時のセンターと神戸市みなと総局の関係は「戦争状態」ともいうべき状況であった。当時感じたことは、ことの解決にあたってはセンター側での相当の譲歩が求められているということがひとつ、だが一方、相手方の求める護岸使用料の設定は「ゲームの途中でルールを変える」という至難の技だという思いだった。しかし、神戸市出向者のトップ（局長級）である自分の役割は、言うまでもなく神戸市とセンターの接着剤として円満な解決を図ることであり、状況打開のためには、意思疎通が一番と考え、4月の着任早々から毎週の神戸市詣でを続けていた。とくに用事がなくとも、ご機嫌奉伺と称し、みなと総局計画課に技術担当参事と計画課長、また、環境局施設課に環境局参事を訪れコミュニケーションに努めた。

　産廃枠が足りない

　5月23日（月）読売新聞夕刊トップに「3年後にはフェニックスの産廃枠が満杯」という見出しが躍った。センターが始めていた「民間管理型産廃の3割抑制」について三か月ほど前に同紙の取材を受けていた関係の記事だということだったが、内容が詳細で刺激的であり出所は未だに不明だ。とにかく、今のペースで民間産廃の受け入れを続ければ2014年夏に現行基本計画で定めた産廃枠を超えてセンターが法違反となるという。前任者からの引継ぎの際もこの件で特段の注意や指摘もなく、現実を新聞記事で知らされたのも驚きであった。要はこの問題も無責任に放置されてきたのであった。基本計画という言わばセンターの憲法にあたるような重要な計画の変更は関係者の根回しと環境・国交両省の承認も含めて大変な作業が伴う。調整に何年もかかってしまうことがむしろ普通だとも聞いた。それがこれまで何ら手が付けられることもなく、漫然と受入が続き、とくに2007年頃は計画の3倍という野放図な受入をしていた。2010年になって、環境省から「関西はフェニックスがあるため3Rが進んでないのではないか。」という指摘を受け、民間管理型産廃の3割抑制の方針が打ち出されたが、時すでに遅くその程度の対応では1年かそこらの延命の効果しかなかった。基本計画の変更という大きな宿題が差し迫っていたのである。

213

あとがきにかえて　―もうひとつの大阪湾フェニックス事業―

難航する調整過程

　当初、センターの企画案としては、港湾管理者の負担軽減は国などの「ハイリスク・ハイリターン論」からの反対で短期決着はまず困難であろうから、ひとまず棚上げし、まずは基本計画の変更による期間延伸をし、合わせてセンターの財政上からの値上げのみを先行実施しようとするものだった。私は当時、基本計画の責任者である副理事長にセンター側の事情だけの基本計画変更と値上げに港湾管理者は同意するだろうかと質問したことがあった。そこで、いともあっさり「別ものだから大丈夫でしょう。」という答えが返ってきた。そんなものなのかと半信半疑だったが、案の定、港湾管理者サイドはセンターの見切り発車に猛然と反発、国交省のバックアップを得て、護岸使用料賦課を提案し、それらが先述の戦争状態をさらに劇化する引き金となっていたのである。

　仮に2012年度から新基本計画（産廃・一廃枠の振替と期間延伸）と併せて護岸使用料の新設、そしてこれに伴う料金改定を実現するとすれば、その方針確定のタイムリミットは7月末であった。何故なら、8月から開始する市町村説明会で次年度予算に関する説明が必須であるからだ。それまでに港湾管理者との合意がどうしても必要であった。時間がない。

まずあった金利負担案

　港湾管理者が提案する護岸使用料によるセンター負担を実現するとして、金額をいくらにするか、排出団体の意向も忖度しながらセンター内で議論した。港湾サイドは、2期護岸整備の補助ウラを計算して総額1千億強を要求していたが、5月末に六割の6百億強での歩み寄り提案もちらつかせていた。センターとしては、短期決着を図るためには環境省の拘るであろう処の護岸整備費に排出者負担を直投することを回避すべきだと考えた。そこで2期事業の長期化に伴う港湾管理者の利子分相当を負担する案250億からスタートし、3百億半ばまで積み上げ、これをもって妥結を目指すこととした。

　この案でセンターの長期収支改善分も含め、一廃・産廃ともトンあたり一律

1,500円（消費税抜き）の3年毎3回値上げが必要であった。この値上げが民間産廃の市況からみて限界だと判断した。しかし、私がみなと総局長に直談判に及んだが一蹴される結果となった。総額の上積みのためには、値上げ単価の増額しかない。財務課長と二人で悩んでいる際、試しに200円上げてみたらどうなるか、試算したところ意外にも500億の大台にのること分かった。1回200円でも、2回目は400円、3回目は600円の増額になるからである。その後、私とみなと総局担当参事との水面下の交渉を続けながら内部検討の結果、値上げ単価アップでギリギリの1,700円とすることで、500億円台まで積み上げることができた。理事長説明では「この前に君は1,500円がぎりぎりだと言っていたではないか」と苦言を言われたが、逆に理事長の英断で最終調整した結果、港湾サイドの当初要求のほぼ2分の1となる530億を決定した。これにより港湾管理者と決着したが、理事長の決断の話が神戸市側に伝わり、その背中を押したと聞く。これで、ようやく7月22日促進協港湾・環境合同部会で一応の妥結を見たのである。

これからが本番

薄氷を踏む思いで難関の港湾管理者との交渉を終わったが、その負担を実現するのはセンターの責任であり、今度は168市町村の排出者と民間事業者が相手である。払うことを決めるのは簡単だがその財布をどうするのか、本当の苦労はこれから始まるのだ。

8月4日には各市町村あて値上げ予告（2012年度から消費税込1,785円の3年毎3回の値上げ）の文書を発送している。同9日・10日には料金改定と基本計画改定のための両省説明に走っている。この間、本省協議と並行しつつ、各府県別の市町村説明会は9月2日の兵庫県を皮切りに14日までに終了した。

15回通った産廃協

一廃と並んで産廃事業者もセンター事業にとって重要な顧客であり、ステークホルダーだと言える。その団結力・政治力は並々ならぬものがある。大幅な

あとがきにかえて ―もうひとつの大阪湾フェニックス事業―

値上げとなる以上、充分なコンセンサスを得ておかないと最後に足元を掬われる結果ともなりかねない。そう考え、早い目の8月3日には永らく業界のトップ（全国産廃連会長）であった大阪府産廃協会の会長を訪問し、3年毎3回の値上げの話をしている。センターでの産廃協の窓口は業務課であり、他課の支援は期待できない。業務課長と私で業界の説得をやり切ろうと決めた。

　正式には8月10日の大阪府産廃協を皮切りに各府県産廃協を訪問し値上げの説明を開始した。合せて大手製鉄会社など大口顧客も回ったが、交渉の相手方は自ずと業界最大の規模をもつ大阪府産廃協に絞られていった。会長・役員会・理事会各レベルの会合に出席し、値上げの趣旨を説明し理解を求めた。単なる赤字の値上げというのでなく港湾管理者の救済（？）という点で説明が難しかったが、産廃枠不足を補うための基本計画改定と次期処分場計画の為には港湾管理者の同意が不可欠という理屈で押し通した。また、一廃・産廃同額値上げ（トンあたり一律税込1,785円）という点も「売り」として強調した。業界内に従来の値上げが金額的に一廃に比して産廃に加重されている、という根強いイメージがあったからである。

　2007年のミニバブル以後の業界の景気低迷から、値上げ反対あるいは先送りの意見が当然として沸き起こったが当方はブレることなくひたすら説明・お願いに終始した。交渉決裂で、「もう話は聞かぬ。」とばかりに府産廃協の事務所につごう2度、出入禁止を言い渡された。それでもただお願いに通った。一番困ったことが、センターの方針が一向に揺るがぬことに業を煮やした府産廃協の事務局から9月15日に「質問書」が出され、過去の対応を含めた8項目の質問の回答が求められたことだ。同協会の事務局にセンターOBがいたため、以前の事情や当方の手の内など筒抜けで、具体的で事細かなやりとりとなってしまい閉口したが何とか乗り切った。

　料金後納制

　最終合意のネックとなったのが料金後納制であった。府の産廃協から値上げの見返りとして要望されたのものだが、現行の産廃前納制（一廃は後納制）の例

外として値上げ1年目の24年度限りの措置として料金の後払いを認めよ、というものだった。唐突な値上げでユーザーへの料金転嫁が遅れる可能性があり資金繰りのためにも一定の合理性のある提案であった。ただ零細事業者も含めて全事業者にこれを適用するのはリスクが高すぎるので対象者を限定するよう話をし、当時に産廃協会が推奨していた優良認定事業者に限ってやる案が浮上した。ところが、センター内の常務連絡会（常勤理事6名で構成）で財務担当理事と工務担当理事から猛烈な反対を受けた。センターは債権管理の体制がない、という理由からだった。つまり債権が焦げついた場合に回収するスタッフがいないということだった。しかし、大阪府下でも優良認定事業者は限られており、その資格認定においても財務能力も問われており心配はない、と説明したが両理事の理解を得られず、逆に工務担当理事からは、常務連絡会は全員一致でないと意思決定はできないルールだと釘を刺されてしまった。やむを得ず、10月19日府産廃協理事会にゼロ回答（実際は保証金や信用保証協会の保証を求めるという骨抜きの後納制）をし、交渉決裂し2回目の出入禁止を受けたのだった。

協会との膠着状態が続く中、理事長に状況説明を求められた折に、後納制がネックとなっていることを伝えたところ、その位認めないと交渉できないだろう。さらに常務連絡会が全員一致でないと決められぬなどとは組織の体をなしていないとお叱りを受けた。結局、後納制を認めることで11月7日府産廃協と完全に円満合意による決着が図られたのである。

難渋した交渉ではあったが、大阪府産廃協の会長はじめ6名の副会長らと密度の濃い真摯な話合いをしたことは相互の信頼関係にとって極めて有意義なことだったと考える。この結果、2015年度からの2回目の値上げに関しては2014年9月初めから根回しに回った（1年限りの優良事業者後納制は当初から提案した）が、殆ど通告のみで済んだのであった。

枠取り行脚

排出団体168市町村に対しては値上げ以外にも要請すべき負担があった。それは基本計画で定める一廃・産廃2027年度同時終了のためには、不足する産廃

あとがきにかえて ―もうひとつの大阪湾フェニックス事業―

枠に対し一廃枠から450万㎥を移す必要がある。基本計画を所管する企画課は
各団体に対し、5月に促進協で決定した排出量減量目標（前年秋に説明）に従い、
これを前提にした委託量（排出枠）の文書照会を行い、振替枠の確保に努めてい
たが思うにまかせない有様であった。考えてみれば、各市町村からみれば計画
期間が2021年度から2027年度まで伸びるのに搬入枠は逆に減らされる。一
廃枠は余裕があって産廃枠のための拠出となる。「それなら産廃は現行枠で打ち
切って一廃だけ入れ続けたらどうか、」という意見までが出る始末だった。実際
の試算では一廃だけにすれば2035年度まで確保されるが、これでは産廃業界が
収まらない。

　8月中ごろ大阪市出向の理事から私に相談があって各市町村廻りをしないか
と持ちかけられた。つまり、企画課長がここのままでは350万㎥そこそこの振
替しかできないから、もうそれで行く、と言っている、文書のやりとりだけの
企画課に任せておけない、このままでは、大口の大阪市や神戸市がギリギリの
限界以上に拠出を求められることになろう、という話だった。私にとっても、
値上げ交渉中の産廃協に対して見込んだ産廃枠が減ることになれば約束を破る
ことになる、ということで、同理事と私とで分担して計画枠と実績に乖離のあ
る大口の排出者を訪問しひざ詰談判することとした。概ね、大阪府・奈良県を
同理事、兵庫・滋賀を私、その他は適宜、二人で分担することとした。事務分
担の責任上、企画課担当者が同行することとし、大阪府は顔のきく府環境部OB
である調査役も参加願った。

　各市町村の排出枠の決定権限は各ごみ焼却工場が持っているのが大半であり、
交渉は本庁の本課でなく工場で責任者と話をすることもままあった。また逆に
出先では話が付かず本課に乗り込むこともあり、私が8月31日の加古川市・明
石市を皮切りに10月はじめまでに25市町・団体を訪問した。後半には企画課
も他課の課長も動員して交渉する体制を作り対応したので引き継いだ。

全ては三期のため
　枠取り行脚での説得材料は、あれもこれも「三期のため」しかなかった。三

期が早期に目途がたてば枠の心配はいらない。そのためにも港湾管理者と合意した新しいスキームを枠が不足する産廃の負担を得て実現する必要があり、そのために必要な計画変更だ、という論理である。このあたり論理は本庁の部長クラスには話が早かった。

　また、産廃事業者も三期の懸念を持っている。したがって長期で大幅な値上げは港湾管理者との三期の地ならしのための条件整備である、ということが一廃と共通して言える説明のポイントなのである。

　すなわち、一連の二期スキームの改善とは、二期についてのものだが二期の為ではない。あくまで三期を実現するためにセンターが踏み切った「清水の舞台」である。国の言うとおりゲームの途中でルールを変えるのはおかしいのかもしれない。だが、その説得のために排出 168 市町村と 4 港湾管理者含む参加 256 団体全ての連判状まで作って実現を図ったのは、これら全市町村の三期に対する強い意志の現れに他ならない。

　したがって、このことは事業を主宰するセンターとしてしっかり受け止め、具体的に護岸使用料という受益をうける両港湾管理者（神戸市 182 億、大阪市 348 億）に対して実現をせまる必要があるのである。そしてそれはフェニックス事業に携わる人間が忘れてはならないミッションなのである。

　　後記

　退職年度の 2014 年度は、業務担当理事としてダイオキシンショックの対応に忙殺され、三期の進捗は知るところではなかった。しかし、三期の実現を気にかけ後進の人たちに強く訴えている姿が垣間見える。それだけ、確実性に不安を持っていたことが分かる。すなわち、自分たちが取り組んだ改革の結果が三期の事業化として結実するかどうか必ずしも自信は無かったのである。

　それは、フェニックス事業という自治体間の広域連携が、確定された国家事業や単純な私法契約関係と異なり、折々の各自治体の意思決定によって成り立っているためであり、そこに完全な約束というものはないからである。仮に自治

219

あとがきにかえて ―もうひとつの大阪湾フェニックス事業―

体間において一定の約束が存在したとしても、議会の反対、首長の交代など断る理由に事欠かない。また正面切って否定せずとも、引延ばしをしてうやむやにすることもできる。

　ゆえに、各自治体の個別意思の集合である共同事業が成立するために必要なものは何か、それが譲ったり譲られたり、という互酬の関係であり、相互の信頼関係ということになる。そういった実感が理論としてのネットワーク組織論につながった。そしてついに、三期は実現した。結局、信頼関係は護られた。ネットワーク組織の考えは確信に至るのである。

　ふり返れば、本当にいい時期にフェニックス事業に係われたと思う。しんどくなかったと言えば嘘になるが、やり甲斐のある仕事だった。今は、関わっていただいたすべての方への感謝の気持ちでいっぱいである。

　2019年1月17日　阪神淡路大震災24年目の朝に

　　　　　　　　　　　　　　　　　　　　　　　　　樋口　浩一

推薦文

　本研究は、日本が低成長・人口減少時代を迎えて地方行政の重要な政策課題となっている自治体間の広域連携に関して、古くから自治体の固有事務とされてきた一般廃棄物の広域処理を例として、最終処分の方法とされる焼却灰の海面埋め立て事業の成立・不成立の要因を問うことによって、組織論の視点から広域連携の成立・維持・発展のための理論的な背景を明らかにしようとするものである。

　本研究は全9章で構成されるが、本研究の中心的な部分をなす第6章で行われる5つの事例の検証に先立って、まず第1章で広域連携制度の種類と内容を整理するとともに、研究対象とするフェニックス事業が地方自治法の定める事務の共同処理の発展型として、特別法を根拠に生まれたことを明らかにしている。

　次に第2章・第3章・第4章において、組織論をベースにして広域連携についての考察した上で、社会の統治システムとしての市場とハイアラーキー（階層性組織）のほかに、その中間的なシステムとして、ウズィー（Uzzi,1996）の「市場関係」に対比される「埋め込まれた紐帯」、ノーク（Knoke,2001）の「市場の相互作用と官僚制的統合」を組み合わせた「戦略的連携」、パウエル（Powell,1990）の市場ともハイアラーキーとも異なる「ネットワーク型組織」の概念をあげる。本研究では、これらの概念を前提において自治体間の協働を、市場型、ハイアラーキー型、ネットワーク組織型の3つの理念型で捉えている。

　筆者である樋口浩一氏は、地方分権時代の自治体間の協働たる広域連携はメンバー間の関係が水平的なネットワーク組織の特性を有することを指摘する。筆者が最も価値を置いている部分はここにあり、フェニックス事業が正にそれを具現する例であり、その事業の成否を分けたものは何かを究明することが、

推薦文

本研究の推進動機としている。

　事例検証に先立つ第５章は、フェニックス事業の正当性を考察している。一般廃棄物の広域処理、少なくとも最終処分の段階にある一般廃棄物の焼却灰の海面埋め立て事業は、廃棄物行政の基本原則たる自区内処理原則に法的にも倫理的にも反するものでないことを歴史的な考察から指摘している。

　第６章では、フェニックス事業の成否に関係する５つの事例の検証がなされている。第６章−事例分析１は、大阪湾フェニックス事業の成立要件について、海面埋め立てによる焼却灰の最終処分を巡る国、地方（港湾管理者である自治体とそれ以外の自治体）、民間事業者、センター（関係する自治体によって設立された事業主体）の４者それぞれの利害関係を分析している。そうした中で港湾管理者である大阪府・兵庫県のトップ２、さらに大阪市・神戸市を含んだトップ４で構成されるコアメンバーによる海面埋め立ての許諾が、ネットワーク組織の成立に不可欠なメンバー間の信頼と互酬性を生み出すきっかけとなり、事業開始の起点となったことを明らかにしている。

　第６章−事例分析２は、東京湾フェニックス事業の不成立要件を分析したものであるが、ここでは海面埋め立ての許諾を巡る東京都と千葉県の双方の消極姿勢が不成立の最大の要因となったことを明らかにしている。加えて東京湾フェニックス事業の不成立の要因として、関係者に対する利害調整の間にゴミ排出量が縮小して埋め立ての緊急性が低下したこと、及びコアメンバー間の権力構造の違い（国の省庁にも比肩する突出したパワーを持つ団体の存在と不存在）が不成立に影響を与えたことを明らかにしている。

　第６章−事例分析３は、大阪湾フェニックス事業の２期事業（１期事業は泉大津沖・尼崎沖、２期事業は神戸沖・大阪沖）のスキーム変更を分析したもので、センターがこれまで不要であった護岸使用料を港湾管理者に埋立量に応じて支払う代わりに、支払額相当分を排出者から徴収するという事業内容の変更過程を分析している。ゲームの途中でルールを変えるという異例のスキーム変更の背景に、従来ルールでは排出者の負担に比較して港湾管理者の負担が大きく、共有資源が特定者によって費消されてしまうリスク（いわゆる「コモンズの悲劇」）が生

じ、3期事業に進めなくなるという危険性が示されている。

　第6章−事例分析4は、大阪湾フェニックス事業の成立当初の緊張感が薄れていく中で発生した排出基準を超えるダイオキシン含有物の埋立処分地への投棄を巡って、関係者が行った問題処理過程を分析している。統制する上位団体が存在しない水平的なネットワーク組織において、組織維持のために相互の信頼を破壊した原因者に厳しい処分が必要であった事実が明らかにされている。

　第6章−事例分析5は、大阪湾フェニックス事業の3期事業（神戸沖・大阪沖の拡張）の合意過程を分析して、港湾管理者である自治体が行った3期事業のための海面埋め立ての許諾が、2期事業のスキーム変更に対する経済的なバーター取引ではなく、いわば道義的な返礼であることを明らかにしている。

　第7章・第8章は、規模の利益による効率性の実現というフェニックス事業が持つ長所の一方で、その短所を明らかにしたもので、第7章は廃棄物の広域処理が循環型社会形成の新しい動きに必ずしも合致するものでない側面を持つこと、第8章は特別法に基づく大阪湾フェニックス事業と地方自治法の一部事務組合である阪神水道企業団を比較することによって民主的統制の面においてフェニックス事業が一部事務組合制度に劣ることを指摘している。

　第9章は、総括として、研究の要約が述べられるとともに、得られた知見としてフェニックス事業がネットワーク組織としての組織特性を有すること、ネットワーク組織の設立動機である信頼と互酬性がそれぞれの自治体が自己利益を追求するが故に生まれにくく、組織の成立にはコアメンバーがまず譲ることが必要であること、組織の維持には他のメンバーからの何らかのリターンが必要であること、それがコアメンバーの更なる譲歩を招いて組織を発展させること、そしてこの互譲（あるいは互酬）の連鎖がお互いの信頼と互酬性を醸成し、ネットワーク組織の成立・維持・発展の鍵となるとの結論を導いている。

　自治体間の広域連携は、その実現への社会的ニーズが高い一方で、理論面での研究は進んでいない。そのなかで本研究は、地方分権期における理念型としての広域連携が、共同利益を目的におき、信頼と互酬性を設立動機として長期的な利害均衡や一時的な片務関係を関係性の特徴とするネットワーク型である

223

推薦文

と捉えるとともに、特別法を根拠に持つフェニックス事業をネットワーク組織と位置付けて、成立・不成立、組織の維持・危機克服、発展・反作用に関する理論的説明を試みている。筆者によって用意された研究フレームワークの下、入手したデータの分析にも示唆に富む内容が見られ、学術的意義も高い。

　また焼却灰の最終処分地の決定を含む一般廃棄物の処理場の決定は、迷惑施設に関するNIMBY（Not In My Back Yard）の典型例とも言え、自治体にとって困難を極める政策課題であるとともに、将来的に避けて通れない政策課題であって問題解決に向けての知見の積み重ねが求められている。一般廃棄物の広域処理、中でも焼却灰の最終処分を扱う研究は限定されており、公開資料も極めて乏しい。本研究は、そのような困難な研究条件の下で行なわれた貴重な研究となっている。

　社会科学において社会的要請の強い研究テーマが望まれることは言うまでもない。最近では2018年7月5日に開催された総務大臣の諮問機関である地方制度調査会（第32次）は、ポスト市町村合併における地方行政体制として圏域における地方公共団体間の協力に言及し、現行の連携中枢都市圏の強化策の検討を開始しており、本研究で得られた知見の活用が期待されるところである。

　　　　2018年12月28日

　　　　　　　　　　　　　　　　関西大学大学院ガバナンス研究科
　　　　　　　　　　　　　　　　　　教授　橋本行史

【著者紹介】

樋口　浩一（ひぐち・こういち）

1955 年 2 月　大阪市西淀川区に生まれる。
1973 年 3 月　桃山学院高校卒業。
1978 年 3 月　京都大学法学部卒業。
1978 年 4 月　神戸市役所採用
　　　　　　　都市計画局、下水道局、住宅局、中央区、行財政局、港湾局、建設局、
　　　　　　　企画調整局等で担当・係長・課長・部長・局長級を歴任。
2014 年 3 月　関西大学大学院ガバナンス研究科博士課程前期課程修了。修士（政策学）。
2015 年 3 月　神戸市環境局担当局長（大阪湾広域臨海環境整備センター出向）を最後
　　　　　　　に定年退職。
2018 年 9 月　関西大学大学院ガバナンス研究科博士課程後期課程修了。博士（政策学）。

現在　（公益財団法人）神戸いきいき勤労財団　神戸市勤労会館長。
　　　関西大学政策創造学部　兼任講師。

主な著作物

『地方創生の理論と実践 ―地域活性化システム論―』共著　創生社　2015 年
『新版　現代地方自治論』共著　ミネルヴァ書房　2017 年
「乗合バスにかかる公民の役割分担に関する考察 ―乗合バス事業の公共性・公益性の分
　析―」『関西実践経営』第 46 号 実践経営学会関西部会　2013 年
「英国の地域コミュニティー交通 ―非営利セクターによる地域交通経営―」『関西実践経
　営』第 49 号 実践経営学会関西部会　2014 年
「協働による広域行政の成功要因 ―大阪湾フェニックス事業の分析」『地域活性研究』
　Vol.7 地域活性学会　2016 年
「廃棄物行政における広域処理と自区内処理 ―大阪湾と東京湾、二つのフェニックス計
　画―」『日本地方自治研究学会学会誌』第 32 巻第 2 号 日本地方自治研究学会 2017 年

自治体間における広域連携の研究

大阪湾フェニックス事業の成立継続要因

2019 年 3 月 20 日　初版発行

著　者　　樋口　浩一
発行人　　武内　英晴
発行所　　公人の友社
　　　　　〒 112-0002　東京都文京区小石川５－２６－８
　　　　　ＴＥＬ０３－３８１１－５７０１
　　　　　ＦＡＸ０３－３８１１－５７９５
　　　　　Ｅメール　info@koujinnotomo.com
　　　　　http://koujinnotomo.com/